咖啡与茶
超时空系列

孙子与克

U0506755

Carl von Clausewitz

超时空约谈

⊙王 斌 编著

上海古籍出版社

值得一走的时空之旅

咖啡，陪伴着多少西方大师畅想著书；清茶，陪伴着多少中国大师冥思立说。一东一西相距万里，前前后后时隔数千年，大师们彼此未曾谋面，但当他们跨越时空来到一起，绝妙的精神裂变瞬间爆发！那些莫名的意识巧合、揪心的情感抒发、睿智的观念冲撞、销魂的词藻往来……将沉眠于固态的心灵彻底融化！智慧荡漾于星际之间，情感振颤于地轴两端。来吧，放下尘世的万般纠结，去走一趟大师级的时空跨越之旅……

——底谓

目　录

引 子

超时空军迷　喂,朋友,我是徜徉在宇宙间的军迷。军事与战争,人们历来都有着浓厚的兴趣。久闻太阳系地球上有两个军事家,一个是中国古代的孙子,另一个是欧洲的克劳塞维茨。他们可是中西兵家之圣,对宇宙间人类的军事发展影响巨大! 是真正的军事大师啊!

孙子　是中国春秋时期军事家、政治家,姓孙名武字长卿,出生于约公元前551年,被誉为兵圣,后人尊称其为孙子、孙武子、百世兵家之师、东方兵学的鼻祖。他由齐至吴,经吴国重臣伍员举荐,向吴王阖闾进呈所著《孙子兵法》十三篇,不光当时受到重用为将,而且为后世兵法家们所推崇,被誉为“兵学圣典”,置于《武经七书》之首。后来流传各国,成为全球最著名的兵学典范之书。

克劳塞维茨　（Carl von Clausewitz, 1780年—1831年）这个欧洲人，全名叫卡尔·菲利普·戈特弗里德·冯·克劳塞维茨，公元1780年出生，德国军事理论家和军事历史学家。他曾参加普鲁士军队，后出任柏林军官学校校长，并晋升为将军。他研究了1566年至1815年间130多次战争和战役，留下的遗著达十卷之多。《战争论》是其前三卷，对战争的许多方方面面都有精辟的论述，被誉为西方近代军事理论的经典之作。

喔喔……朋友们，听了这两位军事大师的成就，你们很想一起去会会他们了吧！哈哈哈……

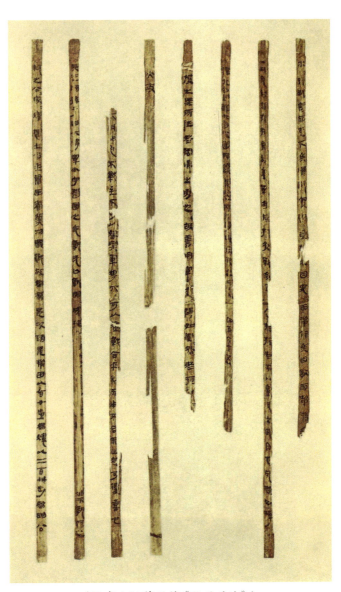

（银雀山汉墓竹简《孙子兵法》）

第一章　战争论

第一回合:"详察"观与"工具"论

公元前512年,孙武走出吴王阖闾行宫,带着辅佐阖闾治国治军之道的喜悦,漫步于花香草绿之间。此时,超时空军迷正在思索星际战事,朦胧间恰见孙子走来,于是便冒昧地迎上去。

超时空军迷
幸会兵圣,迷家有礼!(鞠躬)

孙武
(稍有一惊)不必多礼。客官如何穿过2500多年时空,拦我于此?

超时空军迷
久闻兵圣大名,将军著有巨作《孙子兵法》十三篇,为后世兵家所推崇,可否谈谈您对战争的看法?

孙武
(脸上微微地绽开了慈详的笑容,目光坚毅)非常愿意。我认为:战争是一个国家的头等大事,关系到军民的生死,国家的存亡。
兵者,国之大事,死生之地,存亡之道……(《孙子兵法·始计第一》)

超时空军迷
将军的这句名言是说:战争非同小可,须高度重视。(说着,陷入沉思状。稍许抬起头,迎着孙武深邃的目光,又说)听了将军这句话,我想起了明朝的"土木之变":明英宗视战争为儿戏,蒙古瓦剌大军来犯,在前线战败的情况下,明英宗在王振鼓惑和挟持下,不顾群臣劝阻,决意

孙武
然。(抱拳作揖)汝以"非同小可"之词和"土木之变"战例来说明"国之大事",可谓知我所言者。

亲征。1449年8月31日(正统十四年八月十四日)，明军全线崩溃，英宗被瓦剌军俘虏。这个例子充分证明了将军所说。

超时空军迷

可是，在将军之前，对战争的认识历来都是"兵者凶器"、"万物之王"。而将军却不拘泥已有论说，提出是"国之大事"，这是对军事理论的重大贡献啊！

孙武

不胜受誉。在我看来，凡兴兵十万，征战千里，百姓的耗费，国家的开支，每天都要花费千金，前后方动乱不安，戍卒疲备地在路上奔波，不能从事正常生产的有七十万家之多

凡兴师十万，出征千里，百姓之费，公家之奉，日费千金。内外骚动，怠于道路，不得操事者，七十万家。(《孙子兵法·用间第十三》)。

超时空军迷

将军此番话是在提醒历代的国君和将帅，千万要从安国利民的高度认识战争，万万不可轻举妄动，以表明战争是国家的大事啊！

孙武

慧也！(作揖，转身沿着洒满阳光的大路，阔步走去。)

(望着孙武从中国春秋时期的时空慢慢走出视线，超时空军迷觉得言犹未尽，便来到19世纪初的普鲁士军队驻波兰边境军营，拜访时任普军参谋长的克劳塞维茨。)

超时空军迷

您好，克劳塞维茨将军，对不起，打扰您了!

克劳塞维茨

很高兴见到您，在宇宙时空里穿行的中国军迷朋友。

超时空军迷

将军的兵学巨著《战争论》是欧美军人必读的兵学圣经，被称作西方军事思想的代表。刚才我同中国兵圣孙武先生交流了关于战争的话题，他认为"兵者，国之大事"。不知将军如何看待这个问题。

克劳塞维茨

我的看法是：战争是政治的工具；战争不可避免地具有政治的特性，它应该用政治的标尺来进行衡量。因此，战争就其主要方面来说就是政治本身，政治在这里以剑代笔，但并不就是说不再遵照自行的规律进行思考了。（［德］克劳塞维茨《战争论》，中国人民解放军军事科学院译，解放军出版社2013年版，下同，第三卷，第954页）

超时空军迷

将军的这个论断很精辟，列宁曾给予极高评价，称您为"一位非常有名的战争哲学和战争史的作家"。这个评价名副其实啊! 不过，既然战争是政治的继续，那么，战争的根本属性只能在政治中体现吗?

克劳塞维茨

是的。然而，战争不仅是一条真正的变色龙，它的性质在每一具体情况下都或多或少有所变化。（《战争论》第一卷，第28页）

超时空军迷

您的意思是，每一次战争都有其自己的特色，千变万化，各不相同。然而，战争特色的变化是万变不离其宗，也就是说，战争的暴烈性、

克劳塞维茨

（目光十分坚毅地注视着超时空军迷）对，这是我在《战争论》中指出的战略性指导思想，是不可以模糊的。

概然性和偶然性却是其根本属性
之一。联系您刚才所说的，我们便
知道，从战争与政治的关系看，政
治是战争的母体。在任何情况下，
都不应把战争看成独立的东西，而
要看作是政治的工具，是为政治服
务的。用一句话概括：军事观点必
须服从于政治观点。任何企图使
政治观点从属于军事观点的做法
都是错误的。战争爆发之后，并未
脱离政治，仍是政治交往的继续，
是政治交往通过另一种手段的实
现，是打仗的政治，是以剑代笔的
政治。

（超时空军迷躺在床上，脑海里
依然在想着战争的话题：孙子
认为战争是国之大事，克劳塞维
茨则认为战争是政治的工具，这
两种观点相同之处与区别是什么
呢？哪一种论断更能揭示战争的
本质呢？看来还是去请教两位古
代军事大师。于是，超时空军迷
乘上前往春秋战国时期的时光列
车，来到了孙武了面前。）

超时空军迷

将军，我又来向您请教。

孙武

噢……你不是去请教克劳塞维茨了吗？

超时空军迷

是的，只是……只是……我觉得你们的观点既相同又不同，恕本迷家直言，将军所指出的周密地观察、分析、研究战争，给我的感觉是仅仅指出了人们对待战争的认识和态度。

孙武

然。我说战争是一个国家的头等大事，因为它不光是关系到军民的生死，国家的存亡，而且，是不能不对战争慎重周密地观察、分析、研究。只有"察"，才能认识战争的重要性和目的性！

兵者，国之大事。死生之地，存亡之道，不可不察也。（《孙子兵法·始计第一》）

超时空军迷

不过，这种态度好像并不是战争的本质，而克劳塞维茨将军所说的是政治的工具，似乎揭示了战争特性。我这样说将军不会生气吧！

孙武

（孙武仿佛很开心，爽朗地笑了起来）哈哈哈……何气之有？我不否认克劳塞维茨先生的观点。但何为政治？《尚书·毕命》说：政治乃"道治政治，泽润生民"。按照你们时代的话说，就是治理国家的方法正确了，政治也就治理得非常好了；恩泽撒播到民间了，人民就会安居乐业了。既然战争是政治的工具，那么，只有战争的方法正确了，才能成为促进政治的手段。为此非"察"不可！

超时空军迷

不过，观察、分析、研究战争只是一个方面，因为政治是经济集中表现的上层建筑，是以政治权力为核心展开各种社会活动和社会关系的总和。战争是政治的工具，也就是说，战争只是由政府与政府、人民与人民、种族与种族、集团与集团之间的政治交往而引发的，并作为实施政治目的的手段。这样说来，并非只是应该对其观察、分析、研究即可概括的。

超时空军迷

这么说来，将军指出观察、分析、研究战争，既包括从"不离开政治交往"角度观察、分析、研究，也包括从决定胜负的各要素、条件等。如此，认识战争的本质和情势含盖面会更为广阔。将军的战争观，在当时是很进步的。它确实是将军对军事理论上的重大贡献。

孙武

（孙武摇了摇头，目光自信）非也。我还是用克劳塞维茨的话来回答你吧：决不可以让战争离开政治交往。假如离开政治交往来观察战争，那么，就会割断形成关系的所有线索，而且只会得到一种没有任何意义和没有任何目的的东西。

（［德］克劳塞维茨《战争论》第三卷，第946页）

正因为如此，我认为：国之人皆要研究战争。作为将帅，要通过对决定战争胜负的五个要素进行分析，通过对敌我双方七种条件等各方面进行综合比较来研究战争，探索战争的情势。

故经之以五事，校之以七计，而索其情。

（《孙子兵法·始计第一》）

孙武

过誉矣！

（普鲁士军队驻波兰边境军营的夜晚寂静而又朦胧。克劳塞维茨在将军大帐里沉浸于漆黑的夜色中，聚精会神地回忆起自己1815年联合俄军抗击法军，从俄国回到普鲁士军中，参加利尼会战的场景。此时，他接到通信官的汇报：有超时空军迷前来造访。克劳塞维茨一边说："中国盾来啦，好啊，好啊！"一边起身接见超时空军迷。）

克劳塞维茨

哇……超时空军迷朋友，又相见啦，哈哈哈……很高兴啊！

超时空军迷

将军，没打扰吧！对不起，这么晚来拜见将军，是因为本迷家再次与中国孙武将军作了交流，虽然醍醐灌顶，但依然不过瘾，很想听听将军的高见！

克劳塞维茨

喔嘀嘀……你是盾，我是矛；你是中国盾，我是德国矛；你是现代盾，我是古代矛。哈……我们在一起，古代的军事、现代的军事就不矛盾啦！

超时空军迷

（听得一头雾水，指着自己）我是盾？（又指着克劳塞维茨）你是矛？不矛盾？

克劳塞维茨

难道不是嘛？你去拜见孙武将军，他拿了我的矛，戳了你的盾。那个可不是我的盾呀！

超时空军迷

啊呀！原来如此。孙武将军引用你的一段论述，来说明观察、分析、研究战争的正确性和必要性。

克劳塞维茨

看来，我们观点有共同之处。不过，我更坚持我的观点。你注意了没有，关于战争是政治的工具，"决不可以让战争离开政治"的观点，被誉为中国第一次战争——夏扈甘之战给予了很好的证明。"夏"原是原始社会末期的一个部落，与"夏"同一部落联盟的叫"扈"。《史记·夏本纪》记载："夏"部落的夏启欲要继承帝位，却遭到扈氏的反对。为此，扈氏就起兵与夏启在"甘"作战，就是今天陕西省西鄠县西南处。夏启经过浴血奋战，一举打败了扈氏，并将扈氏罚为部落的奴隶。就这样，夏启建立了夏王朝的世袭制度。这是一次完整意义上的战争，是具有政治目的的暴力行动。

超时空军迷

是的，你们"英雄所见略同"。不过，您在《战争论》中指出，对于战争仅仅靠研究或者作"哲学的考虑"，是不能认识战争本质的。这又怎么理解呢？我觉得，这还是与孙武将军的观点有所不同。

克劳塞维茨

虽然我认为：到目前为止，我们一直是在战争的性质与个人和社会团体的利益相互对立的状况下进行研究的，我们有时从这一方面，有时又从另一方面进行研究，以免忽略了这两个对立着的双方的任何一个。这种对立的根源是由于人的本身，因此，进行哲学的考虑是不

能解决的。……战争有它本身的语法，却并没有它自己的逻辑。（［德］克劳塞维茨《战争论》第三卷，第945页）

所以，要仔细地观察、分析、研究。

超时空军迷

（恍然大悟地感叹）噢……原来"盾"不是我，而是您嘛！你是"矛"，也是"盾"。

克劳塞维茨

哈哈哈……这叫做辩证统一。

第二回合："慎战"论与"继续"说

春日清晨，鸟语啁啾，树影婆娑。在和煦的阳光下，超时空军迷呼吸着清新的空气，款款而行，让思绪随着袅袅炊烟向苍穹的远处悠悠地升腾，去与孙武那博大精深的军事思想相交融……

超时空军迷

将军在《孙子兵法》中，您开宗明义地大声疾呼要重视和研究战争，旗帜鲜明地肯定了战争。给人们的感觉，将军似乎是位好战之人。我想，这肯定是个误会！

孙武

是的。有这种感觉的人，一定是对《孙子兵法》一知半解……

超时空军迷

将军能具体说说吗？

孙武

然。我并不是一个好战之徒，而是十分向往和平的。我在《孙子兵法》中，强调"重战"的同时，还通篇贯穿着一个十分重要的思想，那就是"慎战"。

超时空军迷

克劳塞维茨说："战争使秉性胆怯小的人所陷入的矛盾就自行解决了。"（［德］克劳塞维茨《战争论》第三卷，第947页）既然如此，我们对待战争的态度就是该战就战，不能谨小慎微，畏首畏尾。

孙武

但是，您可想到战争的另一面，那就是战争是人力、物力的巨大损耗，给人民带来沉重的负担。不仅如此，战争往往是毁灭性的，会给国家与民众带来灾难，甚至丧军亡国。这方面的历史教训极为深刻。所以，我觉得战争会使军队锐气受挫，军事实力耗损，国内物资枯竭，其他诸侯必定趁火打劫。这样，即使足智多谋之士也无良策来挽救危亡了。

钝兵挫锐，屈力殚货，则诸侯乘其弊而起，虽有智者不能善其后矣。(《孙子兵法·作战第二》)

超时空军迷

确实如此，不注意慎战，穷兵黩武，到头来酿成大祸。正如《史记·太史公自序》记载的："春秋之中，弑君三十六，亡国五十二。诸侯奔走，不得保其社稷者，不可胜数。"秦晋殽之战更是个典型的例证。周襄王二十五年(前627)秦国轻举妄动，劳师袭远去攻打郑国，当孟明视等三位将帅率大军向郑国挺进时，得知郑国已经作好迎战秦军准备的消息，大为震惊。因担心会吃败仗，只好班师回国。在途经地形险峻、山路崎岖狭窄、易攻难守的殽山，遭到晋军的伏击，全军覆没。孟明视等主将被俘。这就是不"慎战"的结果。

孙武

确实如此啊!

（克劳塞维茨从军帐中走出，在野外漫步着，来到了一片平坦、静谧的田园，驻足向远外遥望……"嗖"地一声，超时空军迷一闪而至。）

超时空军迷

将军，您怎么看待"慎战"。

克劳塞维茨

慎重地对待战争，这个观点也是必须要遵守的。我认为：每一次战争从一开始就必须看作是一个整体，统帅在向前迈出第一步时，就必须明确一个目标，使一切行动都指向它。（［德］克劳塞维茨《战争论》第三卷，第909页）这就是慎重的态度。

超时空军迷

把战争看作一个整体? 是什么样的整体呢?

克劳塞维茨

把战争与政治看作一个整体，因为战争无非是政治交往用另一种手段的继续。我们所以说用另外一种手段，就是为了要同时指出，这种政治交往并不因战争而中断，也不因战争而变成某种完全不同的东西，无论使用怎样的手段，政治交往实质上总是继续存在的。（［德］克劳塞维茨《战争论》第三卷，第945页）所以我认为，慎重看待战争，必须从"战争是政治的继续"上着眼。

超时空军迷

那就是说，战与不战并不是只看战争的破坏性，只看战争是人力和物力的巨大损耗，给国家和人民带来沉重负担，还要看政治的需要。假如政治需要使用战争这个工具，无论有多么大的后果，都不畏首畏尾，毫不犹豫地开战。是这样的吗？

超时空军迷

那么问题来了。如果因为政治的需要，轻率地发动战争，战争就不是政治的继续，而是政治的坟墓，或者说是政治的结束。战争惨败了，政治还不灭亡吗？

克劳塞维茨

是这样的。

（田野的花儿向他俩绽放姹紫嫣红的笑容，微风吹来，欢快地点头，不停与他俩打招呼。田埂上的柳丝披撒着，不时地抚摸着他们的面颊。克劳塞维茨顺手拉住一根柳丝，沉默着没有立即回答，给超时空军迷留了个悬念……超时空军迷带着克劳塞维茨留下的悬念，急匆匆地来找孙武。）

超时空军迷

将军主张"慎战"。那么，如何"慎

孙武

对于慎战，要从有利、有把握、有

战"？

超时空军迷
还望赐教详情。

超时空军迷
我的理解，您的这段话有四层意思，一是战与不战，以"利"来衡量，有利就战，不利就不战。二是战与不战，看所处的形势而定，形势对自己特别危险，不战就会丧军失国，这时就要毫不犹豫地出战。三是战与不战，要从战争能否取胜等方面考虑。能取胜就出战，反之就不战。深思熟虑，沉着应战。国君、统帅等不可感情用事。四是重

危、有节等诸方面加以慎重权衡。

孙武
可。我觉得：没有好处不要行动，没有取胜的把握不能用兵，不到危急关头不要开战。国君不可因一时愤怒而发动战争，将帅不可因一时的气忿而出阵求战。符合国家利益才用兵，不符合国家利益就停止。所以对待战争，明智的国君应该慎重，贤良的将帅应该警惕，这是安定国家和保全军队的基本道理。

非利不动，非得不用，非危不战。主不可以怒而兴师，将不可愠而致战。合于利而动，不合于利而止……故明君慎之，良将警之。此安国全军之道也。（《孙子兵法·火攻十二》）

孙武
确如斯也！

在"安国全军"，即有益国家平安，军队不受损失。

（柳树下，克劳塞维茨折下一根柳条，他看了看，柳芽嫩黄，饱满得似乎张开翅膀要飞走……）

超时空军迷
将军，我想与您继续讨论战争是政治的继续还是坟墓这个问题。

克劳塞维茨
请讲。

超时空军迷
谢谢！我觉得，如果仅仅以政治的需要开战，把战争当儿戏，必将亡军亡国。将军对此怎么看？

克劳塞维茨
嗯。战争无非是政治通过另一种手段的继续。（［德］克劳塞维茨《战争论》第一卷，第26页）战争从来都是政治的最高表现形式。从某种意义上来说，战争失败了，政治就失去了手段和支撑。

超时空军迷
所以，战与不战既要考虑政治需要，还要考虑军事力量和诸多关键因素，非慎重不可！

克劳塞维茨
然而，整个战争的总的结局，也并不永远是绝对的，战败国往往把失败只看成是在将来的政治关系中还可以得到补救的暂时的不幸。很明显，这种情况也必然会大大缓和紧张程度和力量使用的激烈程度。（［德］克劳塞维茨《战争论》第一卷，第26页）

超时空军迷

是否可以说，轻率的战争也是轻率政治的继续，轻率的政治显然将被轻率战争的败局所否定。

克劳塞维茨

军事艺术在它最高的领域内就成了政治，当然不是写外交文书的政治，而是打仗的政治……依据这一观点，对一个大规模的战争事件或它的计划进行纯军事的评价是不能容许的，甚至是有害的。（［德］克劳塞维茨《战争论》第三卷，第950页）

超时空军迷

（若有所思地）噢……原来如此！

克劳塞维茨

必然如此！

第三回合："备战"论与"动机"说

夜深了，万籁俱寂，超时空军迷手捧着《孙子兵法》，正在聚精会神地阅读着、思考着。一阵微风吹来了十分哀怨而沧桑的吟咏："秦人不暇自哀，而后人哀之。后人哀之而不鉴之，亦使后人而复哀后人也。"他在心里涌起了新的感触。就在此时，又来到了孙武的面前。

超时空军迷
将军，这凄凉幽怨的吟咏，不正是《阿房宫赋》中的两句话吗?

孙武
是的。这两句话讲的就是秦国统一六国后，皇帝滋生了骄奢淫逸、文恬武嬉的情绪，从而使赫赫秦王朝顷刻间土崩瓦解。此之教训深刻啊，后人应当引以为戒啊!

超时空军迷
似类这样的教训，不光古代有，后世也有;不光中国有，外国也有。

孙武
是的。第二次世界大战前夕，法国的军事力量比起德国并不弱。可是，德国向法国发动侵略战争，仅用43天的时间，即攻占巴黎，法国只好宣告战败亡国。这个局面的发生，纵然有其他方面的原因，但法国在灯红酒绿、歌舞升平的和平环境中，思想上解除了武装，导致军心涣散，军备废弛，不能不说是重要的原因。

超时空军迷

只要站在历史的高处，一眼望去，就会发现：哪个国家武备周全，哪个国家就能保住自己，不被吞食；哪个国家武备强盛，兵强马壮，哪个国家就能称霸雄踞，甚至吞并他国；哪个国家武备废弛，马放南山，哪个国家就会受到宰割，被他国所灭。

孙武

所以我认为：不抱敌人不会来的侥幸心理，而要依靠我方有充分准备，严阵以待；不抱敌人不会攻击的侥幸心理，而要依靠我方坚不可摧的防御不会被敌人战胜。

无恃其不来，恃吾有以待也；无恃其不攻，恃吾有所不可攻也。（《孙子兵法·九变第八》）

据此，决策者、指挥者和作战者都要打消侥幸心理，积极做好战争准备，做到有备无患。

超时空军迷

这就是将军的"备战论"吧。

孙武

正是。所以，思想上要时刻不忘备战，做到以"充分准备"来对付"毫无准备"。这样才能立于不败之地。

以虞待不虞。（《孙子兵法·谋攻第三》）

超时空军迷

对于战争，不仅有备无患，而且有备不败。

孙武

然也。

（夜色使天更加高远，群星被那无边苍穹笼罩着，它们不停地眨着似亮非亮的眼睛，像是在思考，缕缕思绪都要直冲云霄地飞翔……超时空军迷披着夜色来到了克劳塞维茨的军帐里。）

超时空约谈:孙子与克劳塞维茨

超时空军迷

孙武主张对待战争"以待也",也就是时刻准备着。将军如何认为?

克劳塞维茨

我认为:产生战争的局势越紧张,战争越激烈,间歇就越短,反之,间歇就越长,因为大的动机能增强意志力,而我们知道,意志力在任何时候都是构成力量乘积的一个因数。([德]克劳塞维茨《战争论》第一卷,第22页)

超时空军迷

您认为战争往往是一种"动机",不需要作充分准备吗?

克劳塞维茨

敌对双方的任何一方对另一方来说都不是抽象的,就是意志,这个在抵抗力中不依赖外界事物的因素,也不是抽象的。意志并不是完全不可知的,它的今天预示着它的明天。战争不是突然发生的,它的扩大也不是瞬间的事情。因此双方的任何一方大多可以根据对方是怎样的和正在做什么来判断他,而不是根据对方(严格地说)应该是怎样的和应该做什么来判断他。人都是不完善的,总不能达到尽善尽美的地步,这种双方都存在的缺陷就成为一种缓和因素。([德]克劳塞维茨《战争论》第一卷,第10页)

超时空军迷

概括成一句话说是:战争发生是有过程的,需要一定的准备。

克劳塞维茨

是的,除此以外,我们还不能忘记:战争的动机越大、越强,战争

26

同整个民族生存的关系越大，战前的局势越紧张，战争就越接近它的抽象形态，一切就越是为了打垮敌人，政治目的和战争目标就越加一致。（[德]克劳塞维茨《战争论》第一卷，第10页）

超时空军迷

也就是说，战争决不是孤立的行为。战备时，也要围绕着战争是政治继续这个核心问题进行，因为它同战前的国家生活密切联系，是由一定时期内各种错综复杂的社会政治关系引起的。

克劳塞维茨

非常正确。既然我们认为战争是政治目的引起的，那么很自然，这个引起战争的最初的动机在指导战争时应该首先受到极大的重视。但是政治目的也不是因此就可以任意地决定一切，它必须适应手段的性质，因此，政治目的本身往往也会有很大的改变，尽管如此，它还是必须首先加以考虑的问题。所以，政治贯穿在整个战争行为中，在战争中起作用的各种力量所允许的范围内对战争不断发生影响。（[德]克劳塞维茨《战争论》第一卷，第25页）

超时空军迷

按照将军的说法，战争是政治目的引起"动机"。虽然要重视"备战"，但是只有"动机"产生了，才会去进行战备。如果动机都没有，何来进行完整、齐全的准备呢？

克劳塞维茨

对，您的理解很正确。

第四回合："通盘"论与"联系"观

　　春天的气息是清新的，新春清晨的气息更加清新。朝霞在天的那一边，很美。原野上一片又一片野花静静地开着，既有稀稀疏疏的，也有葱葱郁郁的，白的、黄的、紫的、蓝的、红的、青的、杂色的……它们都平心静气地听着军迷与孙武的讨论，被孙武将军的睿智所折服。

超时空军迷

　　我感到，无论是"重战"、"慎战"，还是"备战"，其根本原因都是围绕"兵者，国之大事"这个中心展开的。将军，我说的对吗？

孙武

　　对！正是因为这一点，"重战"、"慎战"、"备战"三者是互相联系、不容分割的。

超时空军迷

　　我们可不可以这样说，只要将这三个方面把握好了，就可以将"兵者，国之大事"这个问题基本把握住了呢？

孙武

　　恕我直言，您这样理解是不全面的。"重战"、"慎战"、"备战"三个方面固然对理解"兵者，国之大事"至关重要，但是，还应该从制约战争的其他一些因素进行全面考虑。

超时空军迷

　　"其他一些因素"是指什么呢？请将军指点迷津。

孙武

　　还应该从政治、经济、外交、自然等方面加以全面的观察和分析，因为它们是彼此制约的。

超时空军迷

请将军详细谈谈。

孙武

在政治上，必须修明，创造一个良好的政治环境，确保各种法规制度的贯彻执行。这样他们就能随时掌握战争胜利的主动权。

善用兵者，修道而保法，故能为胜败之政。（《孙子兵法·军形第四》）

同时，国君、将帅与民众、士兵心往一处想，劲往一处使，为了一个共同的愿望而共同奋斗，从而取得胜利。

上下同欲者胜。（《孙子兵法·谋攻第三》）

超时空军迷

在将军看来，一方面，战争是为政治服务的，是实现"安国全军"目的的手段；另一方面，政治是夺取战争胜利的保障，是决定战争胜负的首要因素。此两者是互为因果、互相制约、互相转化的。

孙武

（正要回答时，一阵"窸窣"声传来，他打住了……）

（正当超时空军迷与孙武交谈正酣时，克劳塞维茨突然闯了过来……）

超时空军迷

哇，没想到在这里见到您，欢迎欢迎！

克劳塞维茨

刚才孙武将军说到"战争是为政治服务的"，同我的观点一致，故忍不住就"闯"了过来。

超时空军迷

孙武将军认为战争是与政治等诸因素有普遍联系的。同时他也指出，政治是决定战争胜负的首要因素而制约着战争。

克劳塞维茨

是的。战争中，自己的力量、敌人的力量、双方的同盟者、双方的人民和政府的特点等，不是都带有政治的性质吗？它们不是都同整个政治交往紧密结合而不可分的吗？（［德］克劳塞维茨《战争论》第三卷，第946页）

超时空军迷

是的，您一直强调战争不是孤立的，而是政治的工具。

克劳塞维茨

是的。我们可以把决定战斗运用的战略要素适当地区分为以下几类：精神要素、物质要素、数字要素、地理要素和统计要素。……这些要素在军事行动中大多是错综复杂并紧密地结合在一起的，因此，如果有人想根据这些要素来研究战略，那么，这将是一种最不幸的想法。他必然会在脱离实际的分析中迷失道路。（［德］克劳塞维茨《战争论》第一卷，第176-177页）

正因为如此，战争是一种巨大的利害关系的冲突，这种冲突是用流血方式进行的。它同其他冲突不同之处也正在于此。（［德］克劳塞维茨《战争论》第一卷，第124页）

超时空军迷

将军的意思是战争除了是政治工具这个普遍性之外，还有其自身的特殊性。

克劳塞维茨

是的。战争不仅是一种政治行为，而且是一种真正的政治工具，是政治交往的继续，是政治交往通过另一种手段的实现。如果说战争有特殊的地方，那只是它的手段特殊而已。（［德］克劳塞维茨《战争论》第一卷，第26页）

超时空军迷

在政治行为里有社会、经济、外交、战争等诸多手段，战争只是其中之一，而且是特殊的手段。这就是它的特殊性。那么，这与"战争受诸因素制约"这个问题有什么关系呢？

克劳塞维茨

我们认识战争的特殊性，就在于通过这个途径来探寻战争受诸因素制约这个问题的原因。如果看不到战争的特殊性，也就不能理解其普遍性，更不能理解其联系性。因而也不能弄清楚其受哪些因素的制约。

超时空军迷

这也可以说，是从哲学的高度来说明战争的本质。

克劳塞维茨

政治和战争本身就是联系着的"哲学"。（说着就渐渐地隐化而消失了。）

第二章　治军论

第一回合："五德"说与"勇气"论

太阳高高升起，大地上斜躺着一道道婆娑的树影；不远处是一泓清水，散发着夏日凉爽。微风把天上的云彩和太阳光线荡漾成一缕缕银波，像是从远古飘来的辉煌天幕。如此景观，既充满了现实鲜活感，也透溢着历史的幽香。在历史与现实的同一缕阳光下，超时空军迷的思绪与孙子的思想又一次相约了……

超时空军迷

战争说到底是人的行为。所以，我们学习和研究军事思想就不能不研究编导和演义战争的人。也就是军队和治军问题。

孙武

是的。治军之道贯穿于整个《孙子兵法》篇章之中。主要论述的是两个方面的问题，一曰"将"，二曰"法"，也就是说，一个是将帅的选用问题，另一个是军队管理问题。

超时空军迷

那就请将军先为我们谈谈将帅问题吧。

孙武

好的。首先要充分认识到在战争中将帅的重要作用。我认为，一个懂得用兵之道的将帅，是民众命运的掌握者和统领者，是国家安危的主宰者。因此，不能轻视，更不能忽视。

故知兵之将，民之司命，国家安危之主。
（《孙子兵法·作战第二》）

超时空军迷

毛泽东也说过类似的话：
"正确路线确定之后，干部就是
决定因素。"

孙武

古往今来，杰出的军事家都明白这
个道理。所以说，将帅如何，关系
到国家的兴衰成败。

夫将者，国之辅也，辅周则国必强，辅隙
则国必弱。(《孙子兵法·谋攻第三》)

超时空军迷

既然将帅在战争中有着如此重要
的作用，那么，如何选用将帅呢？

孙武

关于将帅的选用，我提出的标准
是：要智、信、仁、勇、严"五德"皆
备。否则不能胜任。

将者，智、信、仁、勇、严也。(《孙子兵法
·始计第一》)

超时空军迷

也就是说，一个合格的军事将领，
必须具备这五个方面的素质。

孙武

然也。

(太阳正在渐渐地落下山去，在
满世界都飘荡着鹅黄色的阳光
里，坐在超时空军迷对面的孙
武，渐渐化去，变成了克劳塞维茨
……)

超时空军迷

战争是人和由人组成的军事组
织——军队之间的角逐，请教将
军，您对治军怎么看？

克劳塞维茨

在我看来，战争是政治对立的一
群人与另一群人使用武器的决斗，
因此，物质的原因和结果不过是刀
柄，精神的原因和结果才是贵重的
金属，才是真正锋利的刀刃。([德]

克劳塞维茨《战争论》第一卷，第179页）

超时空军迷

将军认为，所谓的治军，无外乎把物质因素和人的因素两个方面统筹好，发挥它们的最大效能而已。这两个因素，人的精神因素是最关键的，所以您称之为"真正锋利的刀刃"。

克劳塞维茨

是的。战争无论就其客观性质来看还是就其主观性质来看都近似赌博。（[德]克劳塞维茨《战争论》第一卷，第23页）赌博的输赢很大程度决定于人的冒险、勇敢、智谋和对局势的判断等，这些都是精神因素。

超时空军迷

既然战争的胜败，精神因素是关键，那么精神因素包括哪些方面呢?

克劳塞维茨

我的认为：军事活动总是离不开危险的,而在危险中最可贺的精神力量是什么呢?是勇气。虽然勇气和智谋能够同时存在而不互相排斥，但它们毕竟是不相同的东西,是不同的精神力量。而冒险、信心、大胆、蛮干等等,则不过是勇气的表现而已,它们都要寻找机遇，因为机遇是它们不可缺少的。（[德]克劳塞维茨《战争论》第一卷,第23页）

超时空军迷

说到底，精神因素中，勇气最可佳。无论是将领，还是士兵；无论是作战的实施，还是战局的谋划等，都不能缺少勇气。战争中，胆怯将一事无成。

克劳塞维茨

是的。古往今来无数战争充分证明了这一点。比如：公元前218年，罗马向迦太基宣战，第二次布匿战争暴发。罗马人本打算兵分两路：一路从西西里进攻迦太基本土；一路从西班牙登陆，以牵制汉尼拔的军队。可汉尼拔却惊人地避开了罗马人的主力，冒着极大的危险，率领大军，从小道翻越了人迹罕至的阿尔卑斯山，攻入意大利本土，出其不意地给了罗马军队一个沉重的打击。罗马军队措手不及，作战计划全部被打乱了。汉尼拔的胜利，很大程度上就是基于他和他的军队拥有不可战胜的勇气。

超时空军迷

迦太基著名的军事统帅汉尼拔指挥过诸多战争，都表现出他惊人的勇气，才使他获得许多胜利。但是，他最后服毒自杀在异国他乡，也是"勇气"惹的祸吧？

克劳塞维茨

是的，虽然他的悲惨下场与"勇气"有关，但那是政治，不是战争。原因在于他作为迦太基最高行政长官，实行了许多重大改革，触及贵族寡头们的利益，遭到他们强烈反抗，最终汉尼拔被逼以致惨死他乡。

超时空军迷

同时说明在战争中，"勇气"是重要的因素，但不是唯一的因素。

克劳塞维茨

完全正确。

（超时空军迷觉得，在春天里与兵圣讨论军事思想，使得这春天更具韵味。探寻孙子高深思想精髓的渴望之花，随着《孙子兵法》书中的内容不断地引人入胜，开放得越来越鲜艳。）

超时空军迷

将军认为选用军队将帅要"五德"皆备,并把"智"作为将帅的"五德"之首,它指什么呢?

孙武

所谓"智"乃智谋、计谋也。也就是说,将帅必须要有正确判断敌情,考察地形险易,计算道路远近的分析判断能力;

料敌制胜,计险隘远近;(《孙子兵法·地形第十》)

在未战之前就进行周密分析、比较、谋划的战略筹策能力;

未战而庙算;(《孙子兵法·始计第一》)

要具备预先掌握敌情的科学预测能力;

先知者,不可取于鬼神;(《孙子兵法·用间第十三》)

要有精通"九变"具体运用的快速应变能力;

通于九变之利;(《孙子兵法·九变第八》)

要有治理大军团就像治理小部队一样有效,知道根据敌我双方兵力的多少采取相应对策的组织领导能力等。

治众如治寡……识众寡之用。(《孙子兵法·兵势第五》)

超时空军迷

将帅"五德"的"信"是什么呢?

孙武

乃指信义、信用、诚信等。我所说的"信",除指言而有信,行而有果等等外,还包括赏罚严明。我认为,即使把作战思想贯彻到了部队,如果不执行军纪军法,也不能用来作战。

卒已亲附而罚不行，则不可用。（《孙子兵
法·行军第九》）

只有立功必赏，有过必惩，一视同
仁，不偏不倚，方能取信于人。

超时空军迷

接下来，请将军介绍一下"仁"，好
吗？

孙武

好的。"仁"是指仁爱、仁义、仁
慈等。说起此，我想到了"为卒吮
疽，得人死力"的故事。战国时期
军事家吴起素来爱兵如子。有位士
卒身患脓疮，被吴起看到，便亲自
用嘴将疮里的脓吸了出来。这位士
卒母亲知道这件事后，禁不住失声
痛哭。旁人见状，开导她说："你的
儿子只是一名兵卒，而将军却亲自
为他吸脓，你还哭什么呢？"士卒
母亲回答说："往年吴将军也曾为
我孩子的父亲吸过脓，他的父亲
作战就从不后退，结果死于战场。
如今吴将军又为我儿子吸脓，我不
知道他又要死在哪里了，怎么能不
伤心呢？"

超时空军迷

真的好动人。这个故事说明，将帅
关心爱护士卒，会激发士卒的感激
之情。这种感激之情表现在行动
上，便会转化为战斗力。

孙武

是的。将帅对士卒"仁"，士卒就会
对将帅"义"。士卒心装"义"，作
战就会"勇"。因此，将帅对待士卒
像对待婴儿，士卒就可以同他共患

难；对待士卒像对待自己的儿子，士卒就可以跟他同生死。

视卒如婴儿，故可以与之赴深溪；视卒如爱子，故可与之俱死。（《孙子兵法·地形第十》）

超时空军迷

我还想听听将军对"勇"的诠释。

孙武

我认为，将帅"五德"之"勇"，其内涵是指将帅必须具有英勇果敢的性格、一往无前的精神、不畏强敌的气慨、敢打必胜的信心、雷厉风行的作风等。作个形象的比喻吧：部队行动迅速时，如狂风飞旋；行进从容时，如森林徐徐展开；攻城掠地时，如烈火迅猛；驻守防御时，如大山岿然；大军出动时，如雷霆万钧。

其疾如风，其徐如林，侵掠如火，不动如山……动如雷震 。《孙子兵法·军争第七》）

但是，不能盲目冒进。该勇时必勇，不该勇时则十分慎重。

唯无武进。（《孙子兵法·行军第九》）

超时空军迷

最后，就请将军为我们讲解什么是"五德"之"严"，可以吗？

孙武

可以。所谓"严"，就是指军队需要严格的纪律。军队作战，哪一方的法规、法令更能严格执行，哪一方的赏罚更公正严明，哪一方便能胜利。

法令孰行？……赏罚孰明？吾以此知胜负矣。(《孙子兵法·始计第一》)

孙武
确有此事。

（开花的季节，就有花的芳香。克劳塞维茨将视线投向树梢，温暖的阳光映射在眼中，他用手在额头上方遮了遮，目光仍然追随着阳光的照射投向军帐的远方。超时空军迷看着克劳塞维茨如诗一般剪影，心中忍不住涌起阵阵探寻军事奥妙冲动。）

超时空军迷
"严能立威"。将军曾在吴宫教阵时，严明军纪，斩杀吴王宠姬，不但没有触怒吴王，反而取得吴王的信任，也在美姬中确立了威严。

超时空军迷
孙武将军把"勇"作为军事将帅的"五德"之一，您也认为"勇气"是军队的重要因素。请您为我们介绍一下何为"勇气"吧！

克劳塞维茨
很乐意与您讨论"勇气"。在我看来：果断是勇气在具体情况下的一种表现，当它成为性格上的特征时，又是精神上的一种习性。但是，这里所说的不是敢于冒肉体危险的勇气，而是敢于负责的勇气，也就是敢于面对精神危险的勇气。这种勇气是从智力中产生出来的，因此，通常称为有智之勇，但它并不因此就是智力的表现，它仍然是感情的表现。单纯的智力还不等于勇气，因为我们看到，有一些极聪明的人常常并不果断。所以，智力首先必须激起勇气这种感情，以便有所依靠和得到支持，因为在紧急的时刻，人们受感情的支配比受思想的支配更多些。（［德］克劳塞维茨《战争论》第一卷，第53页）

超时空军迷

将军的意思是，在到处都充满危险的战争领域，军人应具备的首要品质是勇气。军队必须通过智力开发和思想发动等，大力发扬勇猛顽强精神。

克劳塞维茨

是的。需要强调的是，激起勇气时一定要明确，勇气有两种：一种是敢于冒个人危险的勇气，一种是在外来压力或内心压力（良心）面前都敢于负责的勇气。（［德］克劳塞维茨《战争论》第一卷，第51页）

超时空军迷

前一种个人敢于冒险的勇气，被后世军事学家解读为物质勇气，或者叫客观勇气，似乎来源于性格特征。后一种敢于负责的勇气，被解读为精神勇气，亦称主观勇气，来源于思想认识。

克劳塞维茨

不过，在这里所谈的只是第一种。敢于冒个人危险的勇气又有两种。第一种是对危险满不在乎，不管是天生这样，还是由于不怕死的缘故，或是习惯养成的，在任何情况下这种勇气都可看作是一种恒态。第二种是从积极的动机，如荣誉心、爱国心或其他激情产生的勇气。在这种情况下，它就不是一种恒态，而是一种情绪的激动，是一种感情。（［德］克劳塞维茨《战争论》第

一卷，第51页）

超时空军迷

我的理解，恒态勇气是对危险置若罔闻，这可能是出于天生，或源于不怕死，抑或是习惯使然。非恒态勇气可能源于积极的动机和深厚的感情，如荣誉心、爱国心或其他激情引起的热情。

克劳塞维茨

显然，上述两种勇气的作用是不同的。第一种勇气比较稳定可靠，因为它已经成为人的第二天性，永远不会丧失；第二种勇气则往往具有更大的激励作用。顽强主要属于第一种勇气的范围，大胆主要属于第二种勇气的范围；第一种勇气可以使理智更加清醒，第二种勇气有时可以增强理智，但也常常会使理智昏迷。两者结合起来，才能成为最完善的勇气。（[德]克劳塞维茨《战争论》第一卷，第51页）

超时空军迷

也就是说，在治军时，既要培养良好的性格特征，也要建立深厚感情和端正动机，只有这样，才能得到"最完善"的勇气。

克劳塞维茨

非常正确。

第二回合:"五危"说与"火光"论

春雨秋风,夏阳冬雪,松柏对着天空猎猎高歌;河箫江笛,岳钟山鼓,旗帜向着太阳瑟瑟飘扬,孙武和超时空军迷来到吴楚柏举之战的古战场大别山西麓的柏举(今湖北麻城东北),面对曾经在此上演一场恢宏的吴楚决战,孙武思绪万千……

超时空军迷

(看着面前的古战场)吴国西破强楚之前,将军与伍子胥等辅佐吴王阖闾非但"养民休战",而且以"五德"治军。可以这么说,柏举决战的胜利,是将军"五德"治军的胜利。

孙武

不过,这场战争的准备,军事将帅方面除了大树"五德",还注重克服"五危"。虽然说将帅要具备良好的品格修养等诸方面,但最重要、最基本的是克服"五危";在综合素质中,尤其不能缺少唯"道"求胜的素质。我称之为"克服五危,战道必胜"。

超时空军迷

请将军具体阐述。

孙武

将领有五种致命的弱点:坚持死拼硬打,可能招致杀身之祸;临阵畏缩,贪生怕死,则可能被俘;性情暴躁易怒,可能受敌轻侮而失去理智;过分洁身自好,珍惜声名,可能会被羞辱引发冲动;由于爱护民众,受不了敌方的扰民行动而不能采取相应的对敌行动。所有这五种情况,都是将领最容易有的过失，是用兵的灾难。军队覆没，将领牺牲，必定是因为这五种危害，因此一定要认识到这五种危害的严重性。

> 将有五危：必死，可杀也；必生，可虏也；忿速，可侮也；廉洁，可辱也；爱民，可烦也。凡此五者，将之过也，用兵之灾也。覆军杀将，必以五危，不可不察也。（《孙子兵法·九变第八》）

超时空军迷

古往今来，有多少将帅都栽倒在这"五危"之上，将军提出将帅要克服"五危"，加强全面的品格修养，确实是对历史经验教训的总结。

孙武

将帅良好的品格修养和优秀的文武素质是多方面的，其内容非常广泛。比如，将帅应该做到：战，不谋求胜利的名声；退，不回避失利的罪责。只求保全百姓，符合国君利益，这样的将帅，才是国家的宝贵财富。

> 进不求名，退不避罪，唯民是保，而利于主，国之宝也。（《孙子兵法·地形第十》）

还有，不要在乎没有智慧过人的名声，没有勇武盖世的战功。

> 无智名，无勇功。（《孙子兵法·军形第四》）

同时，主持军事行动，要做到考虑谋略沉着冷静而幽深莫测，管理部队公正严明而有条不紊。

> 将军之事，静以幽，正以治。（《孙子兵法·九地第十一》）

超时空军迷

作为部队将帅，就是要"大智不彰，大功不扬"；大责不怠，大利不苟；"五德"皆俱，"五危"皆避。

孙武

（翘起大拇指）善之善也！

（一片云在太阳光的映射下，边缘放射出道道金光。克劳塞维茨在遐思……朦胧中，超时空军迷走了过来……）

超时空军迷

将军对军队的"勇气"十分重视，树立勇气，是治军的首要问题。那么，治军除了勇气，还应该具备哪些方面呢？

克劳塞维茨

军队的战斗力，由多种因素构成。精神力量方面，除了勇气，还应该根据战争气氛点燃胜利的激情。

超时空军迷

愿听将军进一步阐述。

克劳塞维茨

综观一下形成战争气氛的四个要素，即危险、劳累、不确实性和偶然性，那么就很容易理解，要想在这种困难重重的气氛中确有把握地顺利前进，就需要在感情方面和智力方面有巨大的力量。（[德]克劳塞维茨《战争论》第一卷，第56页）

超时空军迷

就是要在不确定的困难中，把握住感情和智力等精神要素的确定性。

克劳塞维茨

是的，必须这样。因为，战争中行动所依据的情况有四分之三好像隐藏在云雾里一样，是或多或少不确实的。因此，在这里首先要有敏锐的智力，以便通过准确而迅速的判断来辨明真相。（［德］克劳塞维茨《战争论》第一卷，第51页）

超时空军迷
如何能做到这一点呢？

超时空军迷
概括地说，面对战争的残酷复杂局势，统帅要用心之火和精神之光，点燃部队官兵的信念之火和希望之光。在这个方面，孙武主张克服"五危"，与您点燃"火光"之说有区别吗？

克劳塞维茨
战争是残酷复杂而瞬息万变的。当情况变得困难时（要取得卓越的成就，困难是决不会没有的）……机器本身开始产生阻力……这种阻力并不就是指不服从和抗辩（虽然个别人常常有这种表现），而是指整个部队的体力和精神力量不断衰退所造成的总的印象，是指看到流血牺牲时所引起的痛苦情绪……统帅必须用自己内心之火和精神之光，重新点燃全体部下的信念之火和希望之光。只有做到这一点，他才能控制他们，继续统率他们。（［德］克劳塞维茨《战争论》第一卷，第58页）

克劳塞维茨
本质上没有区别。但他是从"危机管理"的角度论述的。我是从"精神管理"的角度阐述的。

第三回合："合武"说与"果断"论

　　历史年轮中的每一缕晨曦,都曾经粘染着现实的晚霞,既灿烂着脍炙人口的传说,也记述气吞云霄的故事。孙子深刻的军事思想,是那个时代军事现实的总结,也是跨越历史的沉淀。超时空军迷对之孜孜不倦地探索着,乐此不疲。

超时空军迷

将军,您强调的以"道"治军,在我国现代的军队中,把它称之为思想领先,或者叫做思想建设。从现代治军观念来看,军队的思想建设确实非常重要。

孙武

所以说,治军首要的是"治军以道,上下同欲"。

超时空军迷

将军所说的以"道"治军,与前面所说的"以道取胜"的"道"是一回事吗?

孙武

不是一回事。这里提出的"道",指君主和民众目标相同,意志统一,可以同生共死,而不会惧怕危险。

道者,令民与上同意,可与之死,可与之生,而不畏危也。(《孙子兵法·始计第一》)

目的是全国上下,全军上下,意愿一致,同心协力。

上下同欲。(《孙子兵法·谋攻第三》)

超时空军迷

我的理解，"道"就是确立达到统一思想、统一意志的方针、政策和措施，保证全国上下，全军上下形成心往一处想，劲往一处使，同舟共济、同仇敌忾、团结战斗、夺取胜利的共同欲望。它既是治理国家的准则，也是治理军队的准则。它是政治因素，也就是思想教育。

孙武

是的。因为，人的思想一旦得到统一，即使再勇敢的士兵也不会自恃勇猛而单独前进，即使再怯懦的士兵也不会畏惧敌人而独自后退。

人既专一，则勇者不得独进，怯者不得独退。（《孙子兵法·军争第七》）

超时空军迷

如何做到思想统一呢？

孙武

治军管理军队，贵在抓好养成习惯。平时注重加强对士兵进行服从命令、听从指挥的教育，士兵就会养成服从命令、听从指挥的习惯；如果平时不注重加强对士兵进行服从命令、听从指挥的教育，士兵就不会养成这种习惯。平时命令能贯彻执行的，表明将帅同士卒之间相处融洽。

令素行以教其民，则民服；令素不行以教其民，则民不服。令素行者，与众相得也。（《孙子兵法·行军第九》）

超时空军迷

这种教育养成是自上而下进行的，是一种逐渐趋向的过程。这就需要将帅持之以恒地"令民与上同意"，直到"上下同欲"为止。

孙武

然也！

（告别了孙武，心里装着很多治军
问题的超时空军迷，来到了普鲁
士军队驻波兰边境军营。营帐外
的太阳把世界染得色彩斑斓，熠
熠生辉。克劳塞维茨似乎从遥远
的时间"遂道"穿越回来。）

超时空军迷

请问将军，战争中，统帅的内心之
火和精神之光，仅仅在"荣誉心"
中体现吗?。

克劳塞维茨

不是。果断也是重要方面。

超时空军迷

它们之间有什么必然联系呢?

克劳塞维茨

战争的危险性和复杂性，会导致
很多意外事件的发生。要想不断
地战胜意外事件，必须具备两种特
性：一是在这种茫茫的黑暗中仍
能发出内在的微光以照亮真理的
智力；二是敢于跟随这种微光前进
的勇气。前者在法语中被形象地称
为眼力，后者就是果断。（[德]克劳
塞维茨《战争论》第一卷，第52页）

超时空军迷

也就是判断力和果敢作风。那么
在这两者中，将军为什么特别强调
果断呢?

克劳塞维茨

因为果断在战争中有着十分重要
的作用。

超时空军迷

这个重要作用又是什么呢?

克劳塞维茨

在这里我们认为果断的作用是在动机不足的情况下消除疑虑的苦恼和迟疑的危险。固然,根据不严谨的语言习惯,单纯的冒险倾向、大胆、无畏、蛮干等也可以叫做果断,但是,如果一个人有了足够的动机(不管是主观的还是客观的,是恰当的还是不恰当的),那就没有理由再说他是否果断了,因为再那样说,就是臆测他人之心,武断地说他有疑虑,而实际上他根本没有。([德]克劳塞维茨《战争论》第一卷,第54页)

超时空军迷

原来如此。将军的意思,即使动机是好的,动机是强烈的,但在指挥作战时,优柔寡断,犹犹豫豫,瞻前顾后,必然会贻误战机。

克劳塞维茨

不光如此,而且会使整个军队的思想都受到影响,甚至造成混乱。

超时空军迷

其实,统帅如果具备足够的勇气,也是能够做到不犹豫,不迟疑的。

克劳塞维茨

并非如此,勇气虽然是敢作敢为、毫不畏惧的气概。但是,这种气概并不具备认清关键所在而做出果断决定。果断不仅仅能够不犹豫地决断,而且能够认清关键所在,这个很重要。

（听了克劳塞维茨的一番话，超时空军迷心中涌起一种莫名的感觉，他觉得雄壮的普鲁士军队驻波兰边境军营在静谧、如诗如幻的阳光中，仿佛陡然变得躁动严峻起来。这种突如奇来的感觉着实让他吃惊不小。他的心似乎悬在了半空中……于是超时空军迷又来到了孙武将军的面前。）

超时空军迷

将军，我们知道，您十分强调的以"道"治军。那么，春秋时期，军事家们除了以"道"治军外，还有其他治军之策吗？

孙武

当然还有其他诸多方面。比如，将帅在军队的管理中，要用怀柔宽仁使他们思想统一，用军纪军法使他们行动一致。这样就必然能够取得部下的敬畏和拥戴。

合之以文，齐之以武。（《孙子兵法·行军第九》）

我认为，它是《孙子兵法》治军思想的重点内容，也是加强军队管理的基本思想。

超时空军迷

我的理解，就是要将晓之以理、动之以情的情理带兵，与有法必依、执法必严的以法治军两者相结合。概括起来，就是文武相兼、宽严相济、情法齐用、恩威并施的管理方法。

孙武

这是"合之以文，齐之以武"核心。

超时空军迷
如何能做得到呢?

孙武
我觉得，将帅要"仁爱"为先，从爱护士卒入手，对士卒像对待婴儿，士卒就可以同将帅、事业共患难；对士卒像对待自己的儿子，士卒就可以跟将帅、事业同生共死。

视卒如婴儿，故可以与之赴深溪；视卒如爱子，故可与之俱死。(《孙子兵法·地形第十》)

超时空军迷
前面提到的吴起将军"为卒吮疽，得人死力"的故事，就是将军"合之以文"治军思想的实践证明。

孙武
是的。我主张在此基础上，还必须"齐之以武"，依法严肃治军。因此我在《孙子兵法》中，把"法"作为夺取战争胜利的"五事"之一。"七计"中关于"以法治军"的内容就占了两项，提出要研究和掌握"法令执行"、"赏罚孰明"。(参见《孙子兵法·始计第一》)

超时空军迷
那么，将帅应该怎样"齐之以武"呢?

孙武
固然方法很多，但有一点较为重要，那就是治军时，既要有法必依，执法必严；还要敢于施行超越惯例的奖赏，颁布不拘常规的号令，指挥全军就如同使用一个人一样。

施无法之赏，悬无政之令。犯三军之众，若使一人。(《孙子兵法·九地第十一》)

超时空军迷

将军的意思是：要将"颁布不拘常规的号令"与"敢于施行超越惯例的奖赏"有机结合起来加以运用?

（在探寻中西方军事大师博大精深的军事思想时，超时空军迷深深感到，也许历史是现实中一幅海市蜃楼的美景，如诗如幻，但走进去才发现它并不是虚无飘渺。这幅海市蜃楼的美景，是用久远了的记忆精心绘制而成的。在今天依然闪耀着启迪思想的光辉。于是，超时空军迷不厌其烦地跨越时空，穿梭于孙武和克劳塞维茨之间。)

孙武

是的!

超时空军迷

将军指出，治军乃至指挥作战要有果敢精神，这是人的精神因素。中国军事家孙武在论述治军时，也十分重视人的精神因素，而他强调的是"文令武齐"。您怎么看这个问题?

克劳塞维茨

嗯哼。"武齐"也有果断的思想嘛。将帅要落实法规制度，优柔寡断，畏首畏尾，瞻前顾后，如何能够做到"武齐"?

超时空军迷

是的，将军。不过，我觉得，孙武更

克劳塞维茨

是的，其实战争中，对阵双方兵力

注重从军队作战的角度,强调整体的作用;而您则主要从军队指挥的角度,强调将帅的个体作用。这就是东方与西方文化的差别。也是人民创造历史和英雄创造历史的差别。

超时空军迷
请将军说得更具体一些。

超时空军迷
按照我的理解,果敢既不同于勇气,也不同于理解力和洞察力,而是理解力提升到思想认识和理论自觉时,达到"认识到冒险的必要而决心去冒险"的高度,才能成为果敢,从而指挥军队勇往直前,战

人数、素质相当,起决定因素的就是将领的指挥。胜负取决于果敢。但果敢产生却是超越智力与勇气之上的。

克劳塞维茨
可以。我们认为,较高的理解力和必要的感情的简单结合,往往还不能产生果断。有些人虽然有看透最复杂的问题的极其敏锐的洞察力,也不缺乏承受重担的勇气,但是在许多困难的场合却不能当机立断。他们的勇气和他们的理解力各自独立,互不相干,因此没有产生第三种东西——果断。只有通过智力的这样一种活动,即认识到冒险的必要而决心去冒险,才能产生果断。([德]克劳塞维茨《战争论》第一卷,第54页)

克劳塞维茨
非常正确。果断是勇气在具体情况下的一种表现,当它成为性格上的特征时,又是精神上的一种习性。([德]克劳塞维茨《战争论》第一卷,第53页)因此,军队中的果敢精神,就是战斗力,而且是较为稳定的,使

胜敌人。

军队其他要素充分发挥作用的根本性战斗力，是取得战争胜利的重要因素。

超时空军迷
正因为如此，将军才在《战争论》中，对果敢作了详细而深刻的论述，就是提醒军队将领要重视它。

克劳塞维茨
是的，你非常聪明!

第三章　战略论

第一回合："先知"论与"概然"说

　　超时空军迷一边回味着克劳塞维茨的治军论述，一边穿越时空来到孙武面前，还没有来得及打招呼，便听见"哒哒哒，哒哒哒"一阵急促的马蹄声由远而近，直扑而来。一位披铠顶盔、全身戎装的大将威风凛凛地骑着高大战马，从孙子和超时空军迷面前急驰而过……

超时空军迷	孙武
(指着飞奔而过的战将)将军，这位大将是?	他是战国末期威震四方的燕国昌国君、上将军乐毅。

超时空军迷	孙武
哦，他就是乐毅大将军! 记得那场著名的临淄决战——战国末年，秦、楚、魏、赵、韩、齐、燕各霸一方，互相攻伐，欲统一天下。乐毅向燕昭王提出了争取"与国"、"与天下共图之"的战略，得到了燕昭王的支持。周赧王三十一年(前284)，乐毅所统燕军兵分五路向齐军发起进攻，这就是临淄决战。结果燕军大获全胜，而齐国几近亡国。	临淄决战的胜利，是乐毅对敌方有充分的认识。一般来讲，既了解敌方，也了解自己，那么每一次战斗都不会有危险; 不了解敌方，只了解自己，胜负的机率各半; 既不了解敌方，又不了解自己，那么每战就必败了。 *知彼知己，百战不殆; 不知彼而知己，一胜一负; 不知彼不知己，每战必败。(《孙子兵法·谋攻第三》)*

超时空军迷	孙武
乐毅的胜利，就在于他"知彼知己"。	从这个战例可以看出，战争的胜利与否，一个很重要的因素就是能否

制定出切合实际、确实可行的战略方针。而能否制定出切实可行的战略方针，其基础就是能否做到"知彼知己"。因此，我认为，如果只了解我军具备了作战取胜的条件，而不了解敌人情况，尚不可贸然去攻击，这样胜利的把握最多只有半成；如果只了解敌人有隙可击，能够为我所败，而不了解自己军队尚不具备战胜敌人的条件，胜利的把握也只有一半；了解敌人有可乘之机，又了解我军具备攻击敌人的条件，而不了解地形条件对我军作战不利，胜利的把握仍然只有百分之五十。因而，真正善于用兵的将帅，应该是头脑清醒，情况明了，指挥作战从不迷惑，措施手段变化无穷。所以说，了解敌人又了解自己，夺取战争胜利就不会有多大的差错。如再加上我们了解天时地利，就可以做到胜利在握。

知吾卒之可以击，而不知敌之不可击，胜之半也；知敌之可击，而不知吾卒之不可以击，胜之半也；知敌之可击，知吾卒之可以击，而不知地形之不可以战，胜之半也。故知兵者，动而不迷，举而不穷。故曰，知彼知己，胜乃不殆；知天知地，胜乃不穷。（《孙子兵法·地形第十》）

超时空军迷

从这一点说,"知彼知己"在将帅对战争全局进行筹划和部署,以至于夺取战争胜利中的作用和地位是非常重要的。

孙武

然也。在我看来,明君和贤将之所以一出兵就能战胜敌人,功业超越众人,就在于能预先掌握敌情。

故明君贤将所以动而胜人,成功出于众者,先知也。(《孙子兵法·用间第十三》)

超时空军迷

这其中的核心,就是掌握敌情,也就是您所说的"知"。

孙武

所以,我在《兵法》中,先后79次强调"知",不厌其烦地告诫人们要"知情",一知敌情,二知我情,三知地情。

超时空军迷

这就是您的伟大之处。后世有学者认为,将军的《孙子兵法》所蕴含的战争指导理论起点非常高,层次也非常人所及。

孙武

过誉了!

(只用一会儿的功夫,超时空军迷跨过了激流湍急的2300多年历史长河,来到了克劳塞维茨的营帐,快乐地与他交谈起来。)

超时空军迷

将军,中国古代军事家孙武认为,战略上必须"先知",若无"先知"也就无"庙算",一切的战略或计

克劳塞维茨

我认为:战争是以可能性、盖(概)然性、幸运和不幸运的赌博为基础的,严格的逻辑推论在这种赌博中

划就沦为了空谈。您对这个问题怎么看?

常常会完全不起作用, 甚至会成为智力活动的无用而累赘的工具; 另外, 还可以进一步得出结论说, 战争可能成为一种有时很像战争有时又不很像战争的东西。([德]克劳塞维茨《战争论》第三卷, 第905页)也就是说, 战争中, 将帅对战场的预先了解和掌握, 是不可能做到。

超时空军迷

将军在《战争论》中, 坚持战争是不确定的、战场情况是瞬息万变的观点, 指挥战争要从战争概然性的特点去把握。是这样的吗?

克劳塞维茨

是的, 可能性就是不确定性, 说明在战争中有时是幸运的, 获得了胜利; 有时是不幸的, 遭到了失败。胜利与失败究竟哪一种降临在将领身上, 就看将领对战争概然性的计算和把握。所以, 我必须强调: 在军事艺术中, 数学上所谓的绝对值根本就没有存在的基础, 在这里只有各种可能性、盖(概)然性、幸运和不幸的活动,它们像织物的经纬线一样交织在战争中, 使战争在人类各种活动中最近似赌博。([德]克劳塞维茨《战争论》第一卷, 第23页)

超时空军迷

按照我的理解, 将军认为战争就类似赌博, 胜与败大都是"撞数"、碰运气, 尽管战争像赌博那样胜

克劳塞维茨

很正确。从战略考虑: 整个战争不受严格的内在必然性规律的支配, 它必须依靠盖(概)然性的计算,

负是不规则的,带有极大的随机性和偶然性,但这种听天由命式的活动方式,体现了一种"天意"公允和权威。不过,战争也像赌博一样,既是运气使然,也是心智较量。将领指挥战争,就是使"天意"和"运气"得到验证。这是它永远充满挑战性之处。

超时空军迷

将军非常重视战争的概然性,既认为战争是概然性的活动,也强调对战争概然的把握和计算,从而使战争给人一种玄奥无比的感觉。

超时空军迷

那么,如何把握战争的概然性呢?

而且产生战争的条件越使战争适于盖(概)然性的计算,进行战争的动机越弱,局势越不紧张,情况就越是如此。([德]克劳塞维茨《战争论》,第32页)

克劳塞维茨

哈哈哈……(笑得很开心)正因为如此,我在《战争论》中,26次提到了概然性。在我看来:达到目标的方法所以多种多样,……盖(概)然性和幸运起了无比巨大的作用。([德]克劳塞维茨《战争论》第一卷,第108页)

克劳塞维茨

虽然把握战争的概然性非常复杂,但概括起来就是:方法主义不是以个别的情况为前提,而是根据各种相似情况的盖(概)然性提出一种适用于一般情况的真理。如果以同样形式反复运用这一真理,那么不久就可达到机械般的熟练程度,最后,就几乎可以自然而然地作出正确的处理。([德]克劳塞维茨《战争论》第一卷,第127页)

超时空军迷

就是说，综合各方面因素，站在全局的高度，统盘考虑。

（超时空军迷从德国柏林军官学校校长[克劳塞维茨时任该校校长]办公室穿越时空前往楚国柏举[孙武正在这里指挥柏举之战，今湖北麻城东北]，却不小心跑到了春秋时期晋国韩原[今山西河津东]，此地是僖公十五年（前645年）秦、晋韩原之战的战场。秦穆公正在"卜徒父筮之，吉"。而此时，孙武却也穿越时空来到此地。）

超时空军迷

将军，刚才这一幕是秦、晋韩原之战（秦伯伐晋）开始前，卜徒父用蓍草为秦伯（秦穆公）占了一卦，对秦穆公说："这是大吉之卦，晋军会连续三次失败，肯定能捕获晋君。"随后，晋军果然三次战败。退到韩原之地，晋侯的车子陷入泥滩之中，秦国于是俘虏了晋惠公。这也应了卦相所预测的结果。

克劳塞维茨

这是东方式的表达，却是正确的。

孙武

秦伯在秦国力量远不如晋国的情况下，通过卜筮下决心伐晋。这个历史故事，说明《春秋左传》也认识到"先知"和预测对于战争是十分重要。不过，在我看来，既不可祈求于鬼神，也不可用类似的事情简单地类比推测，更不能根据星宿运行的方位去占验；必须通过人来获得，要从那些了解熟悉敌人情况的人那里取得。

先知者，不可取于鬼神，不可象于事，不可验于度，必取于人，知敌之情者也。（《孙子兵法·用间第十三》）

超时空军迷

是的，前面您提出了战争中要"知彼知己"，将军在这里又提出了战争如何"知彼知己"。这是"知彼知己"战略思想的方法论。

超时空军迷

我们知道，用"间"就是使用间谍了解敌情。您在《兵法》中，用专门的一篇叫《用间第十三》来论述使用间谍这一问题。

孙武

是的。将帅不光要重视"知"，而且要做到"知"。在我看来，"知"有三法：其一，用"间"；其二，"经、校"；其三，"知胜"。

孙武

然也。我认为，在军队各类人员中，没有比间谍更为亲密的了；奖赏没有比间谍更优厚；事情没有比使用间谍更为机密的。如果不是睿智过人、聪明超常的人，是不能用好间谍的；不是仁慈有加、慷慨豁达的人，是不能指使间谍的；不精细深算的人，是不能分辨间谍所提供情报之真实性的。微妙啊，微妙！真是无处无事不可使用间谍啊！

三军之事，莫亲于间，赏莫厚于间，事莫密于间。非圣智不能用间，非仁义不能使间，非微妙不能得间之实。微哉微哉，无所不用间也。(《孙子兵法·用间第十三》)

同时，还指出了用间分为五种：乡间、内间、反间、死间、生间。强调国家君王、军中主帅必须对使用间谍之事要知晓。

五间之事，主必知之。(《孙子兵法·用间第十三》)

超时空军迷

除了"用间"，您认为将帅在战争中"知彼知己"还需要"经、校"。请您介绍一下。

孙武

在战略决策时，如何做到既"知彼"，又"知己"呢？要研究敌我双方的五个基本要素，把敌我双方七种情况进行综合比较，来探索胜的可能性，达到知彼知己的目的。五个基本要素是：政治、天时、地理、将帅、法制。对于以上五个基本要素，将帅不能不知道。只有深刻了解并掌握它们，才能胜敌；对它们一无所知，不可能战胜敌人。

故经之以五事，校之以计，索之以情。一曰道，二曰天，三曰地，四曰将，五曰法……凡此五者，将莫不闻，知之者胜，不知者不胜。（《孙子兵法·始计第一》）

而说到敌我双方的七种情况比较，即"七计"，内容如下：哪一方的君主是有道明君，能得民心？哪一方的将领更有能力？哪一方占有天时地利？哪一方的法规、法令更能严格执行？哪一方资源更充足，装备更精良，兵员更广大？哪一方的士兵训练更有素，更有战斗力？哪一方的赏罚更公正严明？通过这些比较，我就知道胜负了。

主孰有道？将孰有能？天地孰得？法令孰行？兵众孰强？士卒孰练？赏罚孰明？吾以此知胜负矣。（《孙子兵法·始计第一》）

超时空军迷

这样做还可以对战争胜负的前景进行预测，达到"知胜"的高度。

孙武

然。我认为"知彼知己"，还必须通过"知胜"实现。所谓"知胜"，就是在战争胜负问题上的"先见之明"。我认为，将帅预见、预测敌我的情势和战争能否胜利，没有超过一般常人之见地，算不得高明中的最高明者。

见胜不过众从之所知，非善之善者也。（《孙子兵法·军形第四》）

同时，我在《孙子兵法》中提出五种"知胜"的方法，在此就不详细叙述了。

超时空军迷

将军不光指出对待战争要知彼知己，而且论述了如何做到知彼知己，从而使以"先知"来把握战争的战略思想成为体系，具有其完整性。

（历史的芳香随着年代的阵风吹拂着神州大地，也飘过海洋，吹到了异国他乡。超时空军迷怀揣着《战争论》，又一次约见克劳塞维茨，以观察中西方军事家"知彼知己"战略思想的异同。）

孙武

诚谢赞同。

超时空军迷

将军认为战争具有概然性,那么能不能透过战争所表现出来的种种现象,分析其内在发展变化的趋势呢?

克劳塞维茨

在我看来:任何一个统帅所能确切了解的只是自己一方的情况,对敌人的情况只能根据不确切的情报来了解。因此,他在判断上可能产生错误,从而可能把自己应该行动的时机误认为是敌人应该行动的时机。([德]克劳塞维茨《战争论》第一卷,第21页)

超时空军迷

也就是说,战争的表象和战争的本身一样,无论是反映本质,还是现象,都是概然的,不确实的。根据不确切的情报来了解敌人的情况,一定是不可靠的。

克劳塞维茨

是的。情报是指我们对敌人和敌国所了解的全部材料,是我们一切想法和行动的基础。只要考虑一下这一基础的性质、它的不可靠性和多变性,我们立刻就会感觉到战争这座建筑物是多么危险,多么容易倒塌下来把我们埋葬在它的瓦砾下面。虽然所有的书里都说,只应相信可靠的情报,决不能不抱怀疑的态度,但是这只不过是著书立说的人想不出更好的说法时提出的一种聊以自慰的可怜的遁词而已。([德]克劳塞维茨《战争论》第一卷,第78页)

超时空军迷

难道就不能从敌人那里得到可靠的情报吗?

克劳塞维茨

确实的情报很难获得,所以情报的价值不大,甚至毫无用处。战争中得到的情报，很大一部分是互相矛盾的，更多的是假的，绝大部分是相当不确实的。（［德］克劳塞维茨《战争论》第一卷，第78页）

超时空军迷
这样一来，对战争的影响一定会是巨大的。

克劳塞维茨
这是毫无疑问的。由于各种情报和估计的不可靠，以及偶然性的不断出现，指挥官在战争中会不断发现情况与原来预期的不同，他的计划，或者至少同计划有关的一些设想，会因而受到影响。如果这种影响很大，以致不得不完全取消既定的计划，那么通常就必须以新的计划来代替它。（［德］克劳塞维茨《战争论》第一卷，第52页）

超时空军迷
为什么会是这样呢？

克劳塞维茨
因为：当我们还没有来到真正的战场以前，在室内拟定最初计划的时候，辨别情报的困难已经不小，而在纷乱杂沓的战争情况下，情报接踵而来，这种困难就更无限地增大了。如果这些情报互相矛盾，是非难分，需要人们分析辨别，那还算是幸运的。对没有经验的指挥官来说，更糟糕的是情况不像上面所说的那样，而是一个情报支持、证实或补充另一个情报，图画上在

不断增加新的色彩，最后，他不得不匆忙作出决定，但是不久又发现这个决定是愚蠢的，所有这些情报都是虚假的、夸大了的和错误的等等。……通常，人们容易相信坏的，不容易相信好的，而且容易把坏的作某些夸大。以这种方式传来的危险的消息尽管像海浪一样会消失下去，但也会像浪一样没有任何明显的原因就常常重新出现。

（克劳塞维茨［德］《战争论》第一卷，第78页至79页）

超时空军迷

既然如此，军队将领怎么办呢？

克劳塞维茨

这就要求军官具有一定的辨别能力，这种能力只有通过对事物和人的认识和判断才能得到。在这里他必须遵循盖（概）然性的规律。

（［德］克劳塞维茨《战争论》第一卷，第78页）

超时空军迷

按照概然性规律进行战争布局，指挥军队，才能取得胜利。

克劳塞维茨

一定是这样的，也只能这样。

第二回合:"先胜"论与"战斗"说

　　苍海桑田,此处原是当年即墨之战的古场,如今却由那时的旌旗飘荡、金鼓起伏、腥风血雨,变成了野花绽放、彩蝶飞舞、寂静安祥的旷野。孙子、超时空军迷两人徜徉在蜿蜒的古道上。

超时空军迷

将军,在您看来,知彼知己并不是目的,"知"为"战",先知是为了更有效地指挥军队夺得胜利。那么,在战略上如何运筹帷幄呢?

孙武

在讨论这个问题之前,我们先回到前面曾经提到的那场战争,即战国末年,乐毅统率燕军攻打齐军的临淄决战。这场战争燕军大获全胜,而齐国几近亡国,仅剩下莒和即墨(今山东平度东南)二城未破,危在旦夕。

超时空军迷

让人们想不到的是,齐军就在这种局面下,转危为安。原因是齐湣王被杀,襄王即位。襄王号召民众起来抵抗燕军。他依托即墨物产丰富、民众富足、城池坚固、防守人力众多等优势,推田单为统帅,使齐军获得了有效的战斗力,最后取得全胜。

孙武

这个战例说明,古往今来凡是善于用兵打仗的将帅,总是首先创造使自己不会被敌人战胜的条件,以等待、寻求可以战胜敌人的机会,使自己立于不败之地,把不会被敌人战胜的主动权操在自己手中;而敌人能否被我战胜,则在于敌人是否有隙可击;让我有机可乘,这主要在于敌人本身。

昔之善战者,先为不可胜,以待敌之可胜。不可胜在己,可胜在敌。(《孙子兵法·军形第四》)

超时空军迷

乐毅将军所在的燕军在攻下齐国大部，只剩下莒和即墨两城后，虽然采取了一定的措施，但相比处于明显弱势的齐军，力度、广度和有效性都差了许多。田单担任守城将军后，为了挽救危局，采取了诸多卓有成效的"先胜"措施，使双方的局势发生转化，导致乐毅将军弃军流亡他乡，教训十分深刻。

孙武

所以，我强调，善于打仗的将帅，总是首先使自己立于不败之地，同时又不放过战胜敌人的良机。究其原因是，胜利之师总是先创造取胜的条件，使自己立于不败之地，然后才等待机会谋求同敌人交战；而败亡之军往往是先盲目交战，尔后追求侥幸取胜。

故善战者，立于不败之地，而不失敌之败也。是故，胜兵先胜而后求战，败兵先战而后求胜。（《孙子兵法·军形第四》）

超时空军迷

将军的这些论述，告诉我们一个非常有价值的、带有全局性、根本性的用兵思想，那就是"先胜"。

孙武

谢谢！

（光阴奔流不息，有时波涛汹涌，有时水流平缓，有时漩涡四起，有时直泻而去……超时空军迷刚刚与孙武道别，脑海里还奔涌着《孙子兵法》之"全胜"思想时，克劳塞维茨来到了超时空军迷的面前。）

超时空军迷

将军您来啦！正想问，您认为从战略上把握战争，必须遵守概然性规律，也就是说，"先知"乃多余之

克劳塞维茨

我认为，战争活动分为战争准备和战争本身两部分，后者更为重要，因为战争像一场赌博，有时应不惜

举，"先胜"亦无多大意义，是这个意思吗？

冒险，以进攻、决战求得胜利。军事活动的效果只能从部署和实施战斗中产生，决不能从部署和实施战斗以前存在的条件中直接产生。在战斗中，一切活动都是为了消灭敌人，或者更确切地说，是为了使敌人失去战斗能力，这一点是战斗这个概念所固有的。所以说，消灭敌人军队始终是达到战斗目的的手段。（［德］克劳塞维茨《战争论》第一卷第一篇，第40页）

超时空军迷

既然战争以战取胜，战争的准备也是十分重要的，相比战争本身，也不能偏废。只有在做好战争准备的情况下，才能实施战争。

克劳塞维茨

我从来不否认战争准备的重要，但战争暴发有概然性，战争准备也只能从细则和方法等方面去着手。至于细则和方法，只要训练好了的军队能够掌握它们并把它们作为行动的准则，那么战争准备的理论就会在作战中起作用。（［德］克劳塞维茨《战争论》第一卷，第128页）

超时空军迷

不过，为战争胜利创造一切可以创造的条件，也是战争准备的一种非常重要的手段。这个观点，在中国自古以来都非常盛行，而且为军事家们所推崇。

克劳塞维茨

在我看来：在战争中手段只有一种，那就是战斗。但是，这种手段的用法是多种多样的，我们可以根据不同的目的采取不同的用法，这样一来，我们的研究好像就毫无结果了。但实际上并非如此，因为

超时空约谈：孙子与克劳塞维茨

从这个唯一的手段中可以为研究找出一条线索。这条线索贯穿在整个军事活动中，可以把整个军事活动联系在一起。（[德]克劳塞维茨《战争论》第一卷，第42页）

超时空军迷

您的意思是，战斗是把整个军事活动串联起来的唯一手段，一切都要围绕这个手段进行，包括战前的准则制订、作战训练等方面战争准备，也是围绕着战斗来进行。

克劳塞维茨

是的。因为：战斗是战争中唯一有效的活动。在战斗中，消灭同我们对峙的敌人是达到目的的手段，即使战斗实际上没有进行也是这样，因为在任何情况下，结局都是以消灭敌人军队已毫无疑问为前提的。（[德]克劳塞维茨《战争论》第一卷，第43页）

超时空军迷

即使是冒险也要这样做吗？

克劳塞维茨

是的，战争本身就是冒险的活动，使用果敢的力量，以勇敢的精神去战斗。总之，战斗同一切大小军事行动的关系，就像现金支付同期票交易的关系一样，不管兑现的期限多么远，不管兑现的机会多么少，但最后总还是要兑现的。（[德]克劳塞维茨《战争论》第一卷，第43页）

超时空军迷

恕我直言，将军所主张冒险一战的观点，按照中国古代军事家孙武的

克劳塞维茨

（耸了耸肩）哈哈哈。

82

观念来看，虽然能够侥幸获胜，也还是"败兵"之策。由此看来，即使在军事思想方面大概也有东西方的差异吧。

（清晨，一轮旭日从东方喷薄而出，冉冉升起……孙子、超时空军迷披着明媚的阳光，讨论着《孙子兵法》的战略思想。）

超时空军迷

将军在《孙子兵法》中所提"先胜"的战略思想，我的理解就是，军队先充分积蓄力量，使自己具备立于不败之地的各种条件，对吗？

孙武

对。这是在战争中战胜敌人、夺取战争胜利的基础。将帅凭着此基础，就可预见战争的胜负。

超时空军迷

这个战略的具体内容有哪些呢？

孙武

"先胜"措施大概有四点：一是活用攻守。在对敌无可乘之机，不能战胜时，应防守以待之；对敌人有了可乘之机，能够战胜，则出奇兵攻而取之。

不可胜者，守也；可胜者，攻也。（《孙子兵法·军形第四》）

善于防守的部队，是隐藏自己的兵力如同在深不可测的地下；善于进攻的部队，就像从天而降，敌人猝不及防。

善守者，藏于九地之下；善攻者，动于九天之上。（《孙子兵法·军形第四》）

超时空军迷

一般来说，世界上所有战争的基本形式只有攻守两种，只要不失时机地转攻为守，或转守为攻，就能使自己立于不败之地。

孙武

"先胜"除了活用攻守，还需要胜于易胜。这是"先胜"的第二个措施。我认为，古代所谓善于用兵的人，只是战胜了那些容易战胜的敌人。

古之所谓善战者，胜于易胜者也。（《孙子兵法·军形第四》）

打胜仗又不出任何闪失，原因在于其谋划、措施能够保证。赢家所战胜的是已经注定失败的敌人。

故其战胜不忒；不忒者，其所措必胜，胜已败者也。（《孙子兵法·军形第四》）

超时空军迷

胜于易胜实质上就是进行充分战争准备，不打无准备之仗，不打无把握之仗。接下来，还请将军介绍"先胜"的第三个措施。

孙武

三是以镒称铢。获胜的军队具有绝对的优势，而失败的军队处于绝对的劣势。胜利者一方打仗，就像积水从千仞高的山涧冲决而出，势不可挡。这就是军事实力的表现。

故胜兵若以镒称铢，败兵若以铢称镒。胜者之战，若决积水于千仞之溪者，形也。（《孙子兵法·军形第四》）

用兵的原则是：有十倍于敌人的兵力就包围敌人，有五倍于敌的兵力就进攻敌人，有两倍于敌的兵力就努力战胜敌人，有与敌相等的兵力就设法分散敌人，兵力少于敌人就要坚壁自守，实力弱于敌人就要避免决战。

故用兵之法，十则围之，五则攻之，倍则战之，敌则能分之，少则能守之，不若则能避之。（《孙子兵法·谋攻第三》）

超时空军迷

形成"以镒称铢"的绝对优势，从根本上讲，需要依靠国力的支撑；

从战术讲，要集中使用兵力。同时，还应该重视合纵同盟，形成诸国攻一国的兵力优势。

孙武

是的。最后，也就是"先胜"的第四个措施是：要修明政治，坚持致胜的法制，如此才能主宰胜败。

修道而保法，故能为胜败之政。（《孙子兵法·军形第四》）

超时空军迷

从将军介绍的情况看，以上四点不能偏废。只有都做到了，才能真正掌握夺取战争胜利的主动权，立于不败之地。

孙武

是的，是的！

（超时空军迷悠闲地吟着诗："不敢入诗的，来入梦。梦是一条丝，穿梭那不可能的相逢。"正在这时，超时空探访日程安排记录仪的铃声响了，提醒他拜访克劳塞维茨的时间到了。超时空军迷立刻出发，瞬间便与克劳塞维茨会合。）

超时空军迷

将军，咱们接着上次拜访时所说的话题，我想请教您，战斗作为战争胜利的唯一手段具有一定的冒险性，为什么您还那样强烈主张呢?

克劳塞维茨

这个问题并不难理解。因为：消灭敌人军队始终是一种比其他一切手段更为优越、更为有效的手段。（［德］克劳塞维茨《战争论》第一卷，第44页）

超时空军迷

这一点很多军事家都不否认。

克劳塞维茨

既然人们都不否认这个原则，那么达到这一效果的军事手段，只有战斗。换句话说：战斗是唯一的手段，因此一切要服从用武器解决问题这个最高法则。敌人如果确实要求战斗，我们就无法拒绝。因此，必须肯定对方不会进行战斗，或者在战斗中对方一定会失败时，我们才可以采用其他方法。总之，在战争所能追求的目的中，消灭敌人军队永远是最高的目的。（［德］克劳塞维茨《战争论》第一卷，第47页）

超时空军迷

很多军事家认为，有时候运用其他方法消灭敌人军队达到的效果并不差，也许会更好。比如涣散敌人的军心，摧毁敌人的精神力量，也会导致敌军丧失战斗力，甚至自我消亡。

克劳塞维茨

人们也许忘记了，摧毁敌人的精神力量，也是战斗这个线索贯穿起来的。不可否认：当我们说消灭敌人军队时，并不是仅仅指消灭敌人的物质力量，而是还包括摧毁敌人的精神力量，因为这两者是紧密地交织在一起而不可分割的。尤其在我们谈到一次大的歼灭性行动(一次大的胜利)对其他战斗必然会产生的影响时,应该看到精神因素最富有流动性(如果可以这样表达的话),某一部分精神力量的丧失最容易影响其他部分。同其他各种手段比较起来,消灭敌人军队具有较大的价值,但这一手段要求人们付出较大的代价,而且它本身就有较大的危险性,人们是为了要避免这些,才采用其他手段。([德]克劳塞维茨《战争论》第一卷,第44页)

超时空军迷

您的意思是,摧毁敌人的精神力量也要依靠战斗支撑,而且大的歼灭性战斗最有影响力。

克劳塞维茨

是的。在我看来,除了战斗,采用其他方法,成功时代价较小,失败时危险也较小。但是,这必须具备一个条件,就是这些方法同时为双方所采用,也就是说敌人也采用同样的方法。如果敌人选择了大规模战斗,那么我们就不得不违反自己的意愿,也采用同样的方法。这时,一切就都取决于这种歼灭性行动的结局。([德]克劳塞维茨《战争论》第一卷,第45页)

超时空军迷

在您看来,在战争中取胜,除了战斗,其他所有的手段都事倍功半,

克劳塞维茨

完全正确!采用这一手段必然要付出较大的代价,这是不难理解

得不偿失。

的，因为在其他一切条件都相同的前提下，我们越想要消灭敌人军队，自己军队的消耗也必然会越大。……采用这一手段的危险在于：正是因为我们企图取得较大的效果，所以在做不到的情况下，反过来我们也会遭到较大的不利。

（［德］克劳塞维茨《战争论》第一卷，第45页）

超时空军迷

这个观点，很多东方的，尤其是中国古代军事家，并不这样认为。

克劳塞维茨

嗯哼。那就仁者见仁，智者见智吧。

第三回合:"全胜"论与"战胜"说

　　孙武与超时空军迷如约相见。孙子慈祥的面容带着不无自豪般的微笑,眼里似乎透出了智慧的光芒,他目光投向很远很远,似乎要溶入那浩无边际的苍茫时空之中……

超时空军迷

将军,由于战争是国之大事,因而要"先知"、"先胜"。除此以外,您认为在战略上还需要把握哪些原则呢?

孙武

在高度重视"先知"、"先胜"的基础上,我认为,"不战而屈人之兵" 是战争的最高原则。

(《孙子兵法·谋攻第三》)

超时空军迷

何为"不战而屈人之兵"呢?

孙武

我所说的"不战而屈人之兵",就是指不通过实战,就能使敌人放下武器,使军事的以及其他的目的得以达成,使需要获得的利益完完全全地取得。所以,也称"全胜"。

超时空军迷

就是说,"不战而屈人之兵"的"全胜"思想,是一条取胜的总的指导思想。

孙武

是的,这一点丝毫不能含糊。我认为,善于用兵者,不通过打仗就使敌人屈服,不通过攻城就使敌军投降,摧毁敌国不需长期作战,一定要用"全胜"的策略争胜于天下。以便既不挫伤国力兵力,又获得了全面胜利的利益。这就是谋攻的方法。

善用兵者，屈人之兵而非战也，拔人之城
而非攻也，毁人之国而非久也。以全争于
天下，故兵不顿而利可全，此谋攻之法也。
（《孙子兵法·谋攻第三》）

超时空军迷

在战略上通过不打仗、不攻城、不
损兵等方式，瓦解敌人，获得全面
胜利，这确实是最为高明的战略手
段。

孙武

"全胜"虽然是通过"不战"的手
段取得的，但并不是简单地"不
战"或仅仅依靠威慑等手段所达
成，而要把握全胜的基本原则。
在我看来，这个基本原则是：使敌
人举国降服是上策，用武力击破
敌国就次一等；使敌人全军降服
是上策，击败敌军就次一等；使敌
人全旅降服是上策，击破敌旅就
次一等；使敌人全卒降服是上策，
击破敌卒就次一等；使敌人全伍
降服是上策，击破敌伍就次一等。
所以，百战百胜，算不上是最高明
的；不通过交战就降服全体敌人，
才是最高明的。

凡用兵之法，全国为上，破国次之；全军
为上，破军次之；全旅为上，破旅次之；
全卒为上，破卒次之；全伍为上，破伍次
之。是故百战百胜，非善之善者也；不战
而屈人之兵，善之善者也。……故兵不顿
而利可全，此谋攻之法也。（《孙子兵法·
谋攻第三》）

超时空军迷

我的理解,将军反复强调以"全"制胜,"以全争于天下",其核心就是"全"为上;但也不否定"破","破"是为次而已。在"全"实在不能达到的情况下,才"破"之。这就是"屈人之兵而非战也"的重要原则。"非战"不是不战,而是不得已才战。

(超时空军迷告别了孙武,沿着克劳塞维茨指挥军队征战的古道,向德国古代军事家走去,一路上,既有寒蝉低低的泣咽,也有冻死在古道上的孤魂……超时空军迷不慎被古道上战亡兵卒的白骨绊到,踉跄数步。这一幕恰被克劳塞维茨看到,忙将之扶住。)

超时空军迷

哦,将军,谢谢您,谢谢您!

超时空军迷

是,是。不过我的确刚从时空的另一头过来。在古中国,孙武将军坚持认为,"不战而屈人之兵"是战

孙武

然。汝慧也!

克劳塞维茨

当心! 我的军迷……

克劳塞维茨

这是战场,不是太空啊! 哈……

克劳塞维茨

当然是。战争的目标也只不过是为了谋取适当的利益,以便能在缔结和约时当作资本。……战争之所以

91

争的最高原则。您前面说过,用武器(武力)解决问题是最高法则。那么,它是不是战争取胜的最高法则呢?

具有这种有限的、规模不大的形态,是因为维持战争的基础是窄小的……正像战争一旦突破了限制就不可能重新被紧紧束缚住一样,将来的战争恐怕也不会全都具有这种规模巨大的特性。([德]克劳塞维茨《战争论》第三卷,第921页、第927页)

所以,我认为战争必然是有限的,我们应该摒弃绝对战争思想。但是,战争取胜必须是战斗,必须以兵力来解决问题。

超时空军迷
为什么?

克劳塞维茨
战争的目的就是战胜敌人,所以就必须突出"战",即战斗、进攻等。不仅战争的概念告诉我们,而且经验也告诉我们,只有在大规模的会战中才能决定重大的胜负。自古以来,只有巨大的胜利才能导致巨大的成就,对进攻者来说必然是这样,对防御者来说或多或少也是这样。([德]克劳塞维茨《战争论》第一卷,第289页)

超时空军迷
有人认为,您的军事思想观念是"战胜策"。"战胜策"的核心是"战",而"战"集中体现在进攻上。所以将军十分重视依靠进攻手

克劳塞维茨
是的。我一直是这样认为的,战争就是具有冒险性的赌博,既然如此,进攻是战争最为基本的手段。进攻的最终目标就是胜利。……要

段来取得战争胜利。是这样吗？

取得胜利，就要使敌人的主力同自己的主力作战。（［德］克劳塞维茨《战争论》第三卷，第855页、第856页）

超时空军迷

毫无疑问，进攻是战争的必要手段。但是，如果不通过进攻手段，而通过诸如孙武推崇的"不战而屈人之兵"的方式取得胜利，那样就会减少或者避免流血牺牲。

克劳塞维茨

战争越是成为真正的战争，越是成为发泄敌对感情和仇恨感以及互相制服的手段，一切活动就越集中在流血的战斗中，因而主力会战也就越加重要。（［德］克劳塞维茨《战争论》第一卷，第286页）这样说来，用进攻来摧毁敌人是战争的根本目的。假如放弃了这个战争的目的，而采用其他方式，来避免流血，便是失去了战争的意义。因此，用武器解决问题，以战求胜，是战略上必须遵守的法则，且不能有丝毫的含糊。

超时空军迷

以"全胜"来达到战争目的，不光减少或者避免流血，而且会产生"利害转化"或"生克转化"的效应。进攻，即使胜利了，也许对双方都有害处，而免战则对双方都有利益。试想，以"全胜"收服一个繁荣的国家与以"战胜"得到一片战争废墟，两者相比，到底哪个更好一些呢？这一点应该是不难

克劳塞维茨

战争是为了消灭敌人，并不能与利益谈判的外交混为一谈。利用消灭敌人的军队这一手段，防御可以转入进攻，进攻可以占领国土。因此占领国土是进攻的目标，但是占领国土不必是占领全部国土，可以仅仅是占领国土的一部分、一个省份、一个地区或一个要塞等等。所有这些在媾和时都有充分的价

理解的。

值，是进攻者的政治资本，进攻者或者可以占有它们，或者可以用它们交换别的东西。（［德］克劳塞维茨《战争论》第三卷，第830页）

超时空军迷

从这里可以看出，在战略上东方人与西方人的差别：东方灵活，西方直接。

克劳塞维茨

也许吧。

（穿过2500多个春夏秋冬的时空隧道，超时空军迷和孙武相遇在隧道的交汇点上，就《孙子兵法》的战略思想进行对话。）

超时空军迷

将军，实现"不战而屈人之兵"的"全胜"，虽然是战争的"善之善者也"，但是，实现它也是需要通过一系列手段来加以保证的。是这样吗？

孙武

你所言极是！在我看来，获得"不战而屈人之兵"的真谛，在于以武力为后盾，"威加于敌"。

超时空军迷

何为"威加于敌"？

孙武

"威加于敌"就是以威慑为手段。我认为，凡是王霸的军队，进攻大国，能使敌国的军民来不及动员集中；兵威加在敌人头上，能够使敌方的盟国无法配合策应。只要施展自己的战略意图，把兵威施加在敌人头上，就可以拔取敌人的城邑，摧毁敌人的国都。

> 王霸之兵，伐大国，则其众不得相聚；威加于敌，则其交不得合……威加于敌，故其城可拔，其国可堕隳。(《孙子兵法·九地第十一》)

超时空军迷

"威加于敌"在今天我们称之为"威慑战略"，它具有普遍的指导意义，不仅为古人所用，而且为后世各国政治家、军事家所青睐。比如，二战后苏美两国的"核威慑战略"，美国人就是从将军的《孙子兵法》中找到理论依据的。如今美国等西方军事强国也把战略威慑放在重要的位置，广泛加以运用。

孙武

不过，"威加于敌"仅是"不战而屈人之兵"的手段之一。它还有其他诸多手段，比如"上兵伐谋"、"其次伐交"等。

超时空军迷

请将军介绍"上兵伐谋"的"全胜"战略手段。

孙武

上兵伐谋、以谋服敌包含两个方面，一方面是施展自己的谋略而取胜。这就要求将帅必须足智多谋，以"谋"制胜，善于"谋"划全局，"未战而庙算"，"经之以五事"、"校之以（七）计"，"多算胜"，战争尚未开始便谋划出胜敌之策，使敌不战而屈。另一方面，那就是打破敌人的谋略。东汉军事家曹操说："敌始有谋，伐之，易也。"其意思是，战争发起之前，就去揭露敌人的计划和阴谋，从根本上摧毁它的战略企图，彻底遏制它的进攻欲望或打消它抵抗的念头，从而使自己获得胜利。

超时空军迷

最后，请将军介绍"其次伐交"的"全胜"战略手段。

孙武

"其次伐交"就是外交服敌的手段，也从敌我两方面去做。从敌方来看，用最令人头痛的事去使敌国屈服，用复杂的事变去使敌国穷于应付，以利益为钓饵引诱敌国疲于奔命。

屈诸侯者以害，役诸侯者以业，趋诸侯者以利。（《孙子兵法·九变第八》）

如此，能够使敌方的盟国无法配合策应。

则其交不得合。（《孙子兵法·九地第十一》）

从我方来说，就是进入衢地就应该结交诸侯。

衢地则交合。（《孙子兵法·九地第十一》）

也就是说，使用外交或其他的手段，破坏敌人的外交，瓦解敌人的同盟，使敌人陷入孤立无援、势单力薄的境地，使其不得不屈服。

超时空军迷

无论从"全胜"的内容上看，还是从诸多"全胜"的手段上看，将军"不战而屈人之兵"战略思想的提出，是世界军事思想史上的一个独创，自古以来，无论世界怎么变，社会怎么变，战争的样式怎么变，其现实意义亘古不变。

（秋风瑟瑟，落叶缤纷。超时空军迷穿越近24个世纪的时间隧道，跨越8000公里的距离，来到了德国，又一次拜访克劳塞维茨。）

孙武

然。故为"善之善者也"。

超时空军迷

将军，您认为战斗和进攻是战争取胜的最高法则，那么在战略上如何使用这个最高手段呢？

克劳塞维茨

任何一个法则不运用到战争的实践中，都是毫无意义的。在战争中，军队将领在指挥军队作战时，必须明白：军事行动不是数学演算，而是一种在黑暗的、至少是在朦朦胧胧的领域中进行的活动。在这里，我们必须信赖那些最适合于达到我们的目标的指挥官。

（［德］克劳塞维茨《战争论》第三卷，第855）

在战略上，遵守战斗和进攻的规律是战争取胜的最高法则。首先应该高度重视进攻力量。进攻力量的削弱是战略上的一个主要问题，在其

超时空约谈：孙子与克劳塞维茨

体场合能否正确地认识这一问题，决定着进攻者能否正确地判断当时他能够做什么。（［德］克劳塞维茨《战争论》第三卷，第831页）

超时空军迷

毫无疑问，战斗和进攻在一定程度上就是实力的较量，因此，进攻力量就显得非常重要，这是战斗与进攻的前提。那么，这个前提具备了，将如何实现取得战争胜利这个根本目的呢？

克劳塞维茨

进攻力量只是一种存在方式，并不是胜利的本身。这个力量只有使用在战争上，展现出来，才有胜利的可能。这就不能回避另外一个问题，那就是军队必须拿出大胆和自信来。大胆和自信应该是进攻者的保护神……大胆和自信同进攻具有更紧密的关系。（［德］克劳塞维茨《战争论》第三卷，第855页）因此是必不可缺的。

超时空军迷

这和您在前面论述治军问题时提出的"勇敢"是一脉相承的。从这个角度来看，就能对您的治军论有了更进一步的理解。将军，我还想请教您，除了大胆、自信和进攻力量，您认为实现战争取胜最高法则还需要哪些因素？

克劳塞维茨

运用战斗和进攻取得战争的胜利，是诸因素共同作用达成的。比如，除了大胆、自信和进攻力量，进攻的进程和频度也是十分重要的。在我看来：进攻时，也几乎可以得到防御中从制高得到的那些有利方面，因为战略进攻不像战术进攻那样只是一次孤立的行动，它的进程不像齿轮的运转那样是连续不断的，而是通过几次行军实现的。各次行军之间都有或长或短的间歇，

98

而在每次间歇中，进攻者同他的敌人一样，也处于防御状态。（［德］克劳塞维茨《战争论》第二卷，第491页）

超时空军迷

也就是说，进攻是有波次的，或者说是有间隙的。

克劳塞维茨

并且不仅如此，进攻不单是连续不断的，实质上进攻和防御还会相互转换。在我看来：进攻的一方抱有积极的目的，防御的一方只有消极的目的；进攻的一方必须采取积极的行动，因为只有这样才能达到积极的目的。因此，即使双方的情况完全相同，积极的目的也会促使进攻的一方行动。（［德］克劳塞维茨《战争论》第一卷，第224页）

超时空军迷

也就是说，战争中要以更为积极的行动组织进攻，以达到更为积极的目的。概括地说，是攻防结合，以攻为主。

克劳塞维茨

完全正确！

第四回合："速胜"论与"奇胜"说

克劳塞维茨说完,便消失在茫茫的夜幕中……夜已经很深了,超时空军迷的表情逐渐地模糊起来了,困倦地进入了睡眠之中……在梦中,他与孙武相聚。

超时空军迷

将军,克劳塞维茨认为:"在战争中手段只有一种,那就是战斗。"主张短兵相接,以攻取胜。虽然您认为他的主张是"次之"的下策,但考察历史,我们发现这样一种现象:两兵相恃,两国相争,"不战而屈人之兵"并不多于血刃厮杀、攻击征伐。战争更多的是真刀真枪的较量和征服。将军,您认为是这样的吗?

孙武

然也。"不战而屈人之兵"是战争的最高境界,但大多数时候,"不战"是不能"屈人之兵"的,需要以武力来解决。

超时空军迷

既然进攻是作战的主旨,那么,您认为,在战略上应该如何把握它呢?

孙武

我认为,在战略上把握进攻,就应该"攻其无备,出其不意";"兵贵胜,不贵久"。就是说,要在敌人无准备的情况下突然发动攻击,在敌人意想不到的时间和地点采取行动。这些都是兵家运用诡道制胜的方法,也是他们取胜的奥妙所在。其妙就妙在总是根据敌我双方的具体情况而随机应变，灵活运用。因此，不可能事先加以死板的规定，生搬硬套。

攻其无备，出其不意。此兵家之胜，不可先传也。（《孙子兵法·始计第一》）

另外，用兵打仗，只听说过实实在在地追求速胜的，从未见过故弄乖巧而追求持久的。

兵闻拙速，未睹巧之久也。（《孙子兵法·作战第二》）

超时空军迷

为什么要乘敌人没有防备的情况下和意想不到的时间，袭击其意想不到的地点呢？只要实力强大于敌数倍、数十倍，甚至更多，攻击敌人就如利刀切豆腐，石头砸鸡蛋一样地容易，何必要那样"背后捅刀子"式的"攻其无备，出其不意"呢？也不一定非得速战速胜，晚一点取敌，又有何妨？

孙武

战争是一种十分复杂的军事行动，天时、地利、敌情等等，变化莫测。敌我双方的优势和劣势、有利和不利、易胜和易败等，都是随着有防备和无防备、有准备和无准备的转化而转化的。谁善于利用变化莫测的条件，随机应变，将自己的"意料之中"凌驾于敌方的"意想之外"，并采取相应的行动，便可导致敌方因突如其来的袭击而形成巨大的心理压力，心慌意乱，判断错误，行动失误，谁就能取得胜利。

超时空军迷

这就是在战略上贯彻"攻其无备，出其不意"思想的根本意义所在。

孙武

然也。

（超时空军迷与孙子讨论了《孙子兵法》"出奇不意"的思想后，感到意犹未尽……此时，整个大地都已经进入了甜美的梦乡，超时空军迷好梦如醒，他为进一步探寻军事大师们博大精深的思想，打开《战争论》，与克劳塞维茨交谈起来。）

超时空军迷

将军，孙武认为，战争中要"攻其无备，出其不意"，同时"兵贵胜，不贵久"。您对这个问题怎么看。

克劳塞维茨

在这个问题上，我和中国的孙武将军的观点是一致的。因此我在《战争论》中，专门用了一章的篇幅论述"出敌不意"的问题，一开头就指出：为了达到上一章所谈的到处要争取的相对优势，就必然要到处争取出敌不意。一切行动都是或多或少以出敌不意为基础的，因为没有它，要在决定性的地点上取得优势简直是不可想象的。（［德］克劳塞维茨《战争论》第一卷，第199页）

超时空军迷

您的意思是，即使进攻力量（军事实力）处于优势，也要出敌不意，进行突然袭击？

克劳塞维茨

是的。进攻比防御包含更多的积极行动，因此，出敌不意自然也就更多地为进攻者所采用，但是正如我们在后面就要谈到的那样，这也不是绝对的。进攻者和防御者也可能同时采取出敌不意的行动，这时

候，谁的措施最恰当，谁就必然占上风。（［德］克劳塞维茨《战争论》第一卷，第203页）

超时空军迷

"出敌不意"就是突如其来的袭击，在敌方毫无准备的情况下突然发起攻击，导致敌方手忙脚乱，判断错误；心慌意乱，压力巨大；仓促应战，行动失误，失败在所难免。这种出奇制胜的作战方式，不论古今，不论国度，都被军事家广泛运用。

克劳塞维茨

是这样的。我认为：出敌不意是取得优势的手段，但除此以外，就其精神效果来看，它还可以看作是一个独立的因素。非常成功的出敌不意会使敌人陷于混乱和丧失勇气，从而会成倍地扩大胜利，这有许多大的和小的例子可以说明。……比如，1814年，当布吕歇尔的军队离开主力军团向马恩河下游移动时，拿破仑对它进行了一次著名的袭击。要想以两天出敌不意的行军取得比这更大的战果是不容易的。首尾相隔三日行程的布吕歇尔的军队被各个击破了，遭受了相当于一次主力会战失败时那样的损失。这完全是出敌不意的效果，因为，假使布吕歇尔预料到拿破仑可能对他袭击，他就完全不会这样组织行军了。（［德］克劳塞维茨《战争论》第一卷，第199页、202页）

超时空军迷

这个故事发生在19世纪第六次反法联盟的军队深入法国国境的时

克劳塞维茨

确实如此。

候。在中国，也有这样的战例。秦末汉初时期著名的井陉战役，韩信率三万精兵进击赵国，面对陈馀20万赵军屯集于井陉口，扼守这一险要之地，决心在此消灭来犯的汉兵。韩信出其不意，"背水一战"，使赵军全线溃败，主将陈馀被杀，赵王被生擒，赵国灭亡。这些战例告诉人们，战争中，出敌不意的袭击，能取得意想不到的巨大胜利，是军事家必须要研究的重要作战方式。

（超时空军迷捧着《孙子兵法》阅读着。他觉得，《孙子兵法》就是一个古代军事思想的宝库，越往深处走去，越是能感觉到曲径通幽的畅快。）

超时空军迷

将军，我们知道，"攻其无备，出其不意"是因敌制胜的重要法则。那么，怎样才做到"攻其无备，出其不意"呢？

孙武

在我看来，攻其无备，必须确实掌握敌方的"备"与"无备"，选择敌人"无备"的时间和地点进行攻击。避开敌人"有备而来"的时间和地点并粉碎敌人"有备而来"行动。这一点很好理解。韩信就是选择陈馀"无备"的背水之地，与赵军进行决战；选择赵军倾巢出动，营垒"无备"的时间，占领赵军营垒，从而以劣势之军战胜优势之敌。反过来，假如陈馀避开韩信攻击，粉碎韩信的行动，那战争的结局恐怕就正好相反了。

孙武

除此以外，就是巧妙隐蔽自己的意图和行动，做到自己有"备"而敌人"无备"。也就是说，让自己的有"备"在敌人"意料之外"，而不是"意料之中"，把敌人的"出其不意"化作自己"出其不意"。比如，韩信将两千汉兵埋伏在赵军营垒附近。这种"有备而来"的意图和行动，巧妙隐蔽在陈馀的"意料之外"，而"出其不意"地占踞了赵军营垒。如果韩信此举的意图和行动，暴露在外，成为陈馀的"意料之中"，定会被陈馀"出其不意"所粉碎。

超时空军迷

确实如此。备与不备有时是互相转换的，交替存在的。在战争中，常备不懈是理想的状态，但是在某些时候、某些地点总是有某种程度的松懈，这个时候和地点，就是出其不意的突破口。除了选择攻其无备的时间、地点之外，还应该把握哪些方面呢？

超时空军迷

隐蔽自己，麻痹敌人。

孙武

是的。另外，还要根据不断变化的情况，因敌因地因时地以迅雷不及掩耳的速度和雷霆万钧的力量，发起突然袭击，且速战速胜。只有突然袭击，才能做到"出其不意"。行动迟缓，即使起初"攻其无备，出其不意"，但也会很快失

去意义；力轻如鸿，"鹅毛击背"，即使起初"攻其无备，出其不意"，也不能有效地使敌人遭受打击和重创。如果不速战速胜，战斗拖得很久则军队必然疲惫，挫失锐气。倘若攻城，则兵力将耗尽，长期在外作战还必然导致国家财用不足。如果军队因久战疲惫不堪，锐气受挫，军事实力耗尽，国内物资枯竭，其他诸侯必定趁火打劫。这样，即使足智多谋之士也无良策来挽救危亡了。

久则钝兵挫锐，攻城则力屈，久暴师则国用不足。夫钝兵挫锐，屈力殚货，则诸侯乘其弊而起，虽有智者，不能善其后矣。（《孙子兵法·作战第二》）

还有，战斗长时间拖延，会导致车辆破损，马匹疲惫，武器装备损失，甚或造成十分之六的损耗。如此，必将导致优势转为劣势，从而败北。

破军罢马，甲胄矢弓，戟盾矛橹，丘牛大车，十去其六。（《孙子兵法·作战第二》）

超时空军迷

如此说来，"攻其无备，出其不意"有两个关键点，一是隐蔽突然，二是速战速决。只要做到了这两点，就胜利在握了。

孙武

汝慧也。

（超时空军迷的视线从正在阅读的《孙子兵法》上抬了起来。他觉得这朵"中国古典军事思想之花"令"世界古典军事思想之树"更加葱郁！他探寻世界军事奥秘的热情被进一步调动起来，急匆匆地又向17世纪的德国奔去。）

超时空军迷

将军，在战略上，你认为"出敌不意"自然为进攻者所采用，那么如何做到"出敌不意"呢?

克劳塞维茨

战争中，做到出敌不意，首先要在战术和战略上考虑。在战术上，由于涉及的时间和空间的范围都比较小，出敌不意自然就比较容易实现。因此，在战略上，越是接近战术范围的措施，就越有可能出敌不意，越是接近政治范围的措施，就越难出敌不意。（[德]克劳塞维茨《战争论》第一卷，第200页）

超时空军迷

也就是说，从战争的整体角度上看，更应该重视在战略上出敌不意，战略上实现了，战术上也就自然而然地能够实现。

克劳塞维茨

可以这么说。在我看来：虽然出敌不意是到处应争取的，甚至是不可缺少的，而且确实是不会毫无效果的，但是，非常成功的出敌不意也确实是不多的。因此，秘密和迅速是出敌不意的两个因素，而两者是以政府和统帅具有巨大的魄力和军队能严肃地执行任务为前提的。（[德]克劳塞维茨《战争论》第一卷，第

超时空约谈：孙子与克劳塞维茨

199页、200页）

超时空军迷

秘密，是让敌人毫无知觉；迅速，就是迅雷不及掩耳。在敌人毫无警觉的情况下，以迅雷不及掩耳之势发动袭击，就能达到出敌不意的效果。

克劳塞维茨

是的。这里谈的不是狭义的出敌不意——进攻范围内的奇袭，而是一般地用各种措施，特别是用于调配兵力的方法达到的出敌不意。（［德］克劳塞维茨《战争论》第一卷，第199页）

超时空军迷

我所理解的，就是在调配兵力上尤其要做到秘密和迅速，使敌人不知底细，不知行踪，从而占据各方面的优势，达到战则胜的目的。

克劳塞维茨

嗯哼。只有能够左右对方的人才能做到出敌不意，而只有行动正确的人才能左右对方。如果为了出敌不意采用了错误的措施，那么不但不能取得良好的结果，反而会招致恶果。（［德］克劳塞维茨《战争论》第一卷，第204页）

超时空军迷

所谓行动正确，就是在调兵布阵时，根据不同情况、不同条件、不同因素，因时制宜、因地制宜、因人制宜地采取措施，做到秘密而迅速。将军，是这样的吗？

克劳塞维茨

是这样的。一切行动都无例外地要以出敌不意为基础，但是，行动的性质以及行动的条件是不同的，因此，以出敌不意为基础的程度是极不相同的。（［德］克劳塞维茨《战争论》第一卷，第199页）

超时空军迷

这样一来，如何做到具体问题具体

克劳塞维茨

是的。所以，将领能否做到指挥军

108

分析, 以达到出敌不意的实效, 就反映军事将领的智慧了。

队出敌不意, 就看他有没有这方面的智慧。除此之外, 还不能忽视他的精神作用。出敌不意的精神作用, 往往能使最坏的事情变成好事, 并使对方不能正常地定下决心。([德]克劳塞维茨《战争论》第一卷, 第204页)

超时空军迷
这个精神作用是什么呢?

克劳塞维茨
这个精神作用就是要克服一切的软弱和松懈。因为, 软弱和松懈是不能达到出敌不意的。([德]克劳塞维茨《战争论》第一卷, 第199页)

超时空军迷
软弱与勇敢是对立的, 是您一贯反对的, 而松懈则会丧失应有的战斗力, 且不可能做到秘密和迅速, 因此也就不可能出敌不意。

克劳塞维茨
知我者, 超时空军迷也。

第四章　战术论

第一回合："致人"论与"主动"说

　　夜很深很静，超时空军迷捧着《孙子兵法》睡着了，似乎觉得有人在摇他。他慢慢地启开眼帘，只见窗幔透着朦胧之光，与刚刚飘渺而去的梦一样，柔和、澹然，原来，摇他的人是中国古代兵圣孙武……

超时空军迷
将军，是您？

孙武
自从您与我讨论《孙子兵法》以来，一直都是您在提问。今日我改变策略，主动向您提问。

超时空军迷
哦？将军想问什么？

孙武
您可知《孙子兵法》中关于"致人而不致于人"的战术思想？

超时空军迷
最近在向您请教《孙子兵法》军事思想的过程中，对您的经典传世之作反复阅读，对书中"致人而不致于人"的战术思想略知一二。我觉得，它是一个重要的战术思想。这个战术思想指出，指挥作战必须首先创造条件，使自己不致于被动，立于主动。然后设法调动敌人，使敌人受制于我，陷入被动，使我成为"敌之司命"。

孙武
是的。我认为，凡先占据战场等待敌人的就会从容主动，后到达战场仓促应战的就被动疲劳。所以，善于指挥作战的人，总是能调动敌人、左右敌人、争取主动而不被敌人所调动、所左右，以至于陷入被动。

凡先处战地而待敌者佚，后处战地而趋战者劳。故善战者，致人而不致于人。
（《孙子兵法·虚实第六》）

超时空军迷

这个战术思想，历史上有很多战例都给予了印证。比如东汉时期将军班超先取匈奴使者，占据主动，从而争取到了鄯善的归附，便是较为典型的一例。

孙武

你说的是公元73年，班超奉汉明帝旨意，率36名将士出使西域，欲与那里各国修好关系。第一站是鄯善国。没想到就在班超到达的同时，匈奴使者也来到了鄯善。由于鄯善国王惧怕匈奴的凶猛骠悍无理，便冷落班超，以此来讨好匈奴，并打算投靠匈奴。更为不利的是，一旦鄯善国投靠了匈奴，那么，他们定会将班超等人抓起来交给匈奴，班超等汉使便没有活命了。

超时空军迷

是的。班超在处于极为不利条件下，变被动为主动，决定先杀匈奴使者，消除鄯善国的惧怕。第二天，当班超将匈奴使者的头颅扔在鄯善国王的脚下时，鄯善国王吓得面如土色。惊吓之余，他见班超有勇有谋，当即答应与大汉修好。

孙武

之后，班超先后出使于阗、疏勒等西域诸国。所到之地，无不为班超的英勇感到钦佩，都纷纷与大汉修好。从此，班超治理西域30多年。

超时空军迷

是的。如果班超不采取"致人而不致于人"的手段，那就会坐等杀机了。其结果恐怕难以想象。

孙武

所以，我认为，"致人而不致于人"是争取战争胜利的重要条件，也是指导战斗的中心问题。

超时空军迷

可以这么说，在一定的客观物质条

孙武

然也，善也！

件基础上, 主观能动性发挥得好, 就可以转劣势为优势, 化被动为主动, 从而获得胜利。

（超时空军迷与孙武彻夜长谈, 兴致很高, 完全忘记了困倦。直到天明, 他才告别了孙武。但他对于占据主动的战术原则深入探究的愿望仍然十分迫切, 便去拜访了克劳塞维茨。）

超时空军迷

在战争中, 占据主动是一项重要的战术原则。对于这个问题, 将军您怎么看?

克劳塞维茨

我认为, 战争是殊死的较量, 直接消灭敌人军队总是最主要的事情。在这里我们想要努力阐明的, 不是别的, 正是消灭敌人军队这个原则的头等重要的意义。直接消灭敌人, 就必须占据主动。所以, 在战争中, 一般说来, 抱有较高目的的一方主要采取进攻的原则, 它处于前进的状态, 因此它的观望态度是稍有不同的。（[德]克劳塞维茨《战争论》第一卷, 第241页、第229页）

超时空军迷

将军的意思就是在战场上, 努力创造有利于进攻的条件, 使自己处于优势的地位, 然后主动地发起攻击, 来达到消灭敌人的目的。

克劳塞维茨

是这样的。取得战争的主动, 来源于对军事实力的运用, 更重要的是指挥战争的将领要有积极目的的企图。具有积极目的的企图引起歼

115

灭性行动,具有消极目的的企图则等待歼灭性行动。**从军事力量上去考察,我们便会发现:双方力量完全相等也不能产生间歇,因为,这时抱有积极目的的一方(进攻者)必然会继续前进**(〔德〕克劳塞维茨《战争论》第一卷,第46页、第17页)

超时空军迷

可不可以这样认为:这种"积极目的的企图"应该是争取主动意识,或者称作主观能动性的发挥。因此,战争中主动权的争得,固然是以实力的强弱、装备的优劣、环境的利弊等条件为基础的。但它与将帅的主观能动性发挥得如何有着密切的关系。

克劳塞维茨

是的,积极目的的企图实现了,就能掌握战争的主动权,从而获得了战术上的自由。以会战为例:要想在主力会战中主动而有把握地行动,就必须对自己的力量有信心和对必然性有明确的认识。换句话说,必须有天生的勇气和在广阔的生活经历中锻炼出来的锐敏的洞察力。(〔德〕克劳塞维茨《战争论》第一卷,第292页)

超时空军迷

从这个角度上说,战争中,必须牢牢掌握主动权,使敌人陷入被动。这个主动权掌握的前提,在于既要有信心,又能准确使用自己的力量。将领的这些智慧和素质,是在战争中锻炼出来的,同时必须运用在战争上,从而体现积极目的的企图,也就是主观能动性的有效发挥。

克劳塞维茨

很好,我就是这个意思。

第二回合："诡道"论与"诈变"说

　　超时空军迷与孙子、克劳塞维茨讨论了创造条件、占据主动的战术思想后,感到收获颇多,心情很激动。然而,他却又感到意犹未尽,再次来到孙武跟前……

超时空军迷

　　将军,还有一个重要思想,与驾驭战争,争取主动相联系的,那就是"诡道"。请将军给我们介绍一下。

孙武

诡道制敌是《孙子兵法》战术思想的核心。我认为,用兵作战,就是诡诈

兵者,诡道也。(《孙子兵法·始计第一》)

用兵打仗应以诡诈为原则,根据是否有利来决定自己的行动,按照分散和集中兵力来变换战术。

兵以诈立,以利动,以分合为变。(《孙子兵法·军争第七》)

超时空军迷

我的理解就是在用兵打仗时,采取违反军事常规的所谓"正道"的作战行动,就是"诡道"。

曹操

(155年—220年,沛国谯县 [今安徽亳州] 人,东汉末年杰出的政治家、军事家。)

是的。我也是这种观点,认为:"兵无常形,以诡诈为道。"

(《十一家注孙子》,上海古籍出版社1978年版)

李筌

(唐代著名道士。陇西 [今甘肃境内] 人。

生卒年不详。）

曹丞相说得极是，《韩非子·难一》曰："战阵之间，不厌诈伪。"吾认为："军不厌诈。"乃"诡道"诈敌，方能取胜。

（《十一家注孙子》，上海古籍出版社1978年版）

梅尧臣

（1002年—1060年，宣州宣城 [今属安徽] 人。北宋著名诗人，曾为《孙子兵法》作注。）

"诡者，所以求胜"，故吾认为：不欺诈不可能使行动变化，不变化就不能制敌取胜。

非谲不可以行权，非权不可以制敌。（《十一家注孙子》，上海古籍出版社1978年版）

张预

（宋朝人，生卒不详。《张预注孙子》纠正了前人的一些错误说法，甚有见地。）

甚是。用兵虽本于仁义，然其取胜必在诡诈。故曳柴扬尘，栾枝之谲也；万弩齐发，孙膑之奇也；千牛俱奔，田单之权也；囊沙雍水，淮阴之诈也。此皆用诡道而制胜也。（《十一家注孙子》，上海古籍出版社1978年版。）

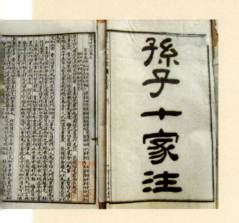

超时空军迷
由此看来，大家对"诡道制敌"的观点非常赞许。

宋襄公
（？—前637年，春秋时宋国国君）

请慢，请慢。您的结论下得过早。对于"兵者，诡道也"，我就有不同意见。我不是另有解释，而是坚决反对这种观点。我认为："君子不重伤，不禽二毛。古之为军也，不以阻隘也。寡人虽亡国之余，不鼓不成列。"（《左氏春秋集解》）

讲仁义道德的人，不伤害已负伤的敌人，不擒拿年老头发花白的敌兵，不乘敌之危之时与敌交战，不攻击没有列好阵势的敌军。"兵者"，正道也，怎能沦为"诡道"？那是武德沦丧，不仁之举，理当坚决反对。

孙武
否。军队交战本来就是互相残杀，血流成河之事，还讲什么"仁义道德"。战争的最终目的是消灭敌人，保存自己，是你死我活的较量，交战双方都会采取一切利于己的手段战胜对方。其战术战法本身没有什么道德不道德可言。

宋襄公
非也，我操守"武德"，宁败不做"不义"之兵。公元前638年十一

119

月，我在泓水布好阵势，准备攻击楚军。当楚军渡泓水时，司马子鱼向我建议，应乘楚军半渡之机发动攻击。此乃不义之举我怎能做得出呢？我坚决予以拒绝。当楚军渡过泓水，还没有列成阵势的时候，子鱼又建议发动攻击。我坚持仁义之兵的操信仍然不予采纳。一直等到楚军渡完泓水，布好阵势，我才下令击鼓攻击楚军。

孙武

结果如何？您中箭负伤，卫队也全部被楚军消灭，打了大败仗。这就是您坚持所谓"仁义"之兵的操信而获得的"奖赏"。凡善用兵者皆知，"非诡道不能立事"，"非诡道不能制胜"。由此可见，诡道乃将帅立胜的关键。

孙武
然！

超时空军迷
历史反复证明，宋襄公错了。

（诡道在历史上有支持，也有反对。对于此，宋襄公的教训就是一个反对者的例子。超时空军迷的心情很复杂。怀着这样的心情，他来到了克劳塞维茨的跟前……）

超时空军迷

将军，孙武认为，以诡诈为道是将帅立胜的关键。您对这个观点怎么看？

克劳塞维茨

我非常赞同他的观点。诡诈是以隐蔽自己的企图作为前提的，因此它是同直率的、无所隐讳的，即直接的行动方式相对立的，就如同双关谐语和直接的表白相对立一样。（［德］克劳塞维茨《战争论》第一卷，第525页）因此，我认为：诡诈就是在行动上变戏法。（［德］克劳塞维茨《战争论》第一卷，第205页）

超时空军迷

这种变戏法，对于取得战争胜利的意义是什么呢？

克劳塞维茨

很显然，这种变戏法是战争的重要方法之一，而且是反映着将领智慧的取胜方式。如果人们认为战术是暴力行为(即战斗本身)的实施，而把战略看作是巧妙运用战斗的一种艺术，那么，除了各种感情力量(像压缩待发的弹簧一样的炽烈的荣誉心，不易屈服的坚强意志等等)以外，其他禀赋似乎都不能像诡诈那样适合于指导和鼓舞战略活动了。（［德］克劳塞维茨《战争论》第一卷，第205页）

超时空军迷

既然诡诈是"适合于指导和鼓舞战略"的活动，那么，它的作用一定是很大的。

克劳塞维茨

当然。在我看来：使用诡诈进行欺骗时，所要利用的却主要是这些廉价的东西。（［德］克劳塞维茨《战争

论》第一卷，第206页）

超时空军迷

也就是说，诡诈是一种最能起到战斗效果的战术方法。所以，您将其称之作为"廉价"的、实惠的作战方式。

克劳塞维茨

是的。正因为如此，我认为，战略支配的兵力越少，就越需要使用诡诈。（[德]克劳塞维茨《战争论》第一卷，第207页）

超时空军迷

除了在这个时机，或者说在这种情况下使用诡诈，在其他方面可以使用它吗？

克劳塞维茨

当然可以。在战争中，使用诡诈应该是非常广泛的。当兵力很弱，任何谨慎和智慧都无济于事，一切办法似乎都无能为力的时候，诡诈就成为最后手段了。（[德]克劳塞维茨《战争论》第一卷，第207页）

超时空军迷

这个"最后手段"可不可以理解为是取得战争胜利的关键呢？

克劳塞维茨

可以这么认为。人们越是在绝望的处境中，就越想孤注一掷，而诡诈也就越能助长他们的胆量。在丢掉一切其他打算，不再考虑一切后果的情况下，胆量和诡诈可以相互促进，并使希望的微光集中于一点，成为一道也许还可能引起火焰的光芒。（[德]克劳塞维茨《战争论》第一卷，第207页）

超时空军迷

如此火焰就能将战斗胜利照亮。

克劳塞维茨

确实如此。

第三回合："因敌"论与"灵活"说

　　叮叮叮……手机的叫早铃声响了。超时空军迷从酣睡中被闹醒了。噢,拜访孙武的时间到了,他边自言自语边起床,匆匆地洗漱后,冲出门去了……

超时空军迷

将军,我们讨论了"致人而不致于人"、"诡道制胜"等,除此以外,还有什么战术原则呢?

孙武

还有一个重要的战术原则,就是"因敌制胜"。我认为,用兵的规律就像流水的规律一样,水因地形的高低起伏而制约其流向,用兵作战要根据敌情的变化而决定其取胜的方针。由此可见,用兵作战没有固定不变的方式方法,就像水没有固定不变的形态一样,只有那些能根据敌情的变化而取胜的人,才称得上用兵如神。

夫兵形如水……水因地而制流,兵因敌而制胜。故兵无常势,水无常形,能因敌变化而取胜者,谓之神。(《孙子兵法·虚实第六》)

超时空军迷

也就是说,在战略战术上要根据客观实际,尤其是根据不同的敌人,采取不同的作战方针,不能机械地死搬硬套。

孙武

是的。"因敌制胜"很重要,是克敌制胜的重要战术原则。它有着丰富内容,包括:"因利而制权"、"因形而错胜"、"践墨随敌制胜"等。

超时空军迷

请将军先谈谈"因利而制权"吧。

孙武

好的。我认为，筹谋有利的方略已被采纳，就需要制造一种有利的战争态势，作为实现有利决策的外在辅助条件。所谓态势，就是凭借有利于己的条件，灵活应变，争取战争的主动权。

计利以听，乃为之势，以佐其外。势者，因利而制权也。（《孙子兵法·始计第一》）

超时空军迷

核心是制造态势，灵活应变。这个我懂了。那么，"因形而错胜"是怎么回事呢？

孙武

所谓"因形而错胜"，就是每次战胜，都不是重复老一套的方式，而是适应不同的情况，变化无穷。

故其战胜不复，而应形于无穷。（《孙子兵法·虚实第六》）

超时空军迷

没有重复，敌人就找不到我方的用兵规律和套路，可谓是灵活多变。最后请将军谈谈"践墨随敌制胜"。

孙武

这一战术思想就是要求将帅要破除陈规，因敌变化，灵活决定作战行动。

践墨随敌，以决战事。（《孙子兵法·九地第十一》）

也就是说，指导战争的关键，在于谨慎地观察敌人的战略意图，集中兵力攻击敌人一部。

故为兵之事，在于顺详敌之意。（《孙子兵法·九地第十一》）

超时空军迷

由此看来，在战争中，将帅要坚持防止一切按预定的计划和兵法描述的定势行事，而要根据客观情况的变化而灵活变通，只有这样，才能取得胜利。

（每每超时空军迷拜访了孙武后，都特别想去拜访克劳塞维茨。就同样的话题与他深入交流，使超时空军迷在东西方军事大师的军事思想异同的比较中获得感悟和快乐。）

超时空军迷

将军，在战术思想上，您有很多观点与孙武比较一致或者接近。他认为，将领在指挥战争时，主张"因敌制胜"，不能因循守旧、默守陈规、死搬硬套，而要灵活机动。不知将军您怎么看？

超时空军迷

您的意思是说，根据双方态势，巧妙地、灵活地用兵，必然能够夺取

孙武

慧哉！

克劳塞维茨

我赞同他的观点。我认为，根据当时战场的情况灵活指挥作战，如同艺术那样美妙，也是夺取胜利的主要条件。如果像现代军事艺术中的很长一个时期表明的那样，军队的某种巧妙的队形和编组是军队能够发挥勇敢精神和夺取胜利的主要条件，那么，这种队形被破坏的时候就是胜负已定的时刻。（[德]克劳塞维茨《战争论》第一卷，第271页）

克劳塞维茨

所以，我认为，面对敌人的进攻，面对敌人的防守，都应该巧妙而

胜利。但这种巧妙地、灵活地用兵被敌人，甚至是自己破坏了，也就是说，巧妙地、灵活地用兵没有真正实现，就有可能会失败。

灵活地采取一切对策，挫败敌人的进攻，摧毁敌人的防守。比如：

进攻者曾有一个时期取得了优势。以后，防御者设法以河流、深谷和山岭做掩护，又取得了决定性的优势，直到进攻者变得十分机动，十分灵活，以致敢于冲入这些地形复杂的地区并分几个纵队进攻，即能够迂回对方时，防御者才又失去优势。（［德］克劳塞维茨《战争论》第二卷，第501页）

超时空军迷

灵活机动地用兵，可以使优势互相转换。即使在某一阶段，敌人通过某种方式，比如利用河流、深谷和山岭等有利地形，取得了优势，只要我方将领采取灵活机动的作战方式，可以变敌人有利为不利，我方不利为有利，从而取得战争的胜利。

克劳塞维茨

是的。我主张作战编组、作战队形、作战方式等诸方面，都应该灵活使用、巧妙使用，不拘一格。应该说，现代的军队具有很大的灵活性和机动性，甚至在敌人的眼前也敢于退却，只有在地形极其不利的场合，退却才会有很大的困难。（［德］克劳塞维茨《战争论》第一卷，第269页）这种不利条件、困难时候，更应该灵活机动，从而变不利为有利，变困难为顺利。

超时空军迷

看来，根据不同战场情况、态势、条件等，灵活、巧妙地指挥作战是取得战争胜利的重要战术方式，

克劳塞维茨

嗯哼，必须的。

不可忽视。

（超时空军迷告别了克劳塞维茨，他抑制不住拜访孙武的冲动，急匆匆地穿越时空，来到了孙武的面前……）

超时空军迷

将军，通过您和克劳塞维茨的介绍，我们知道了"因敌制胜"是重要的战术原则。那么，怎样才能做到"因敌制胜"呢？

孙武

我的"因敌制胜"战术思想，用兵书《阵纪·因势》的话说，就是："所以善兵者，必因敌而用变也，因人而异施也，因地而作势也，因情而措形也，因制而立法也。"

超时空军迷

请您先说说"因敌而用变"。

孙武

"因敌而用变"就是必须根据不同敌人而改变攻敌制胜的战略战术。也就是说，根据不同的敌我力量对比，灵活运用不同的战术手段。比如，我十倍于敌，就实施围歼，五倍于敌就实施进攻，两倍于敌就要努力战胜敌军，势均力敌则设法分散各个击破之。兵力弱于敌人，就避免作战。

十则围之，五则攻之，倍则分之，敌则能战之，少则能逃之，不若则能避之。（《孙子兵法·谋攻第三》）

超时空军迷

概括地说，只要是情况发生了变化，就得根据变化了的情况，灵活用兵。好的，请您再谈谈"因人而异施"。

孙武

"因人而异施"就是必须根据敌我双方不同的人员而施行不同的作战方式。具体来说，就是有什么样的兵卒和武器，面对什么敌人，打什么仗，对付不同敌人，采取不同战法。

超时空军迷

这个好理解。那么，什么是"因地而作势"呢？

孙武

"因地而作势"就是必须根据不同的地理环境而采取不同的战斗态势。比如，处于散地就不宜作战，处于轻地就不宜停留，遇上争地就不要勉强强攻，遇上交地就不要断绝联络，进入衢地就应该结交诸侯，深入重地就要掠取粮草，碰到圮地就必须迅速通过，陷入围地就要设谋脱险，处于死地就要力战求生。

散地则无战，轻地则无止，争地则无攻，交地则无绝，衢地则交合，重地则掠，圮地则行，围地则谋，死地则战。（《孙子兵法·九变第八》）

我在《兵法》中还指出了根据这个基本原则，军队行动在各种地形上处置总的要求。总之，这方面的东西我的论述很多，由于时间关系，就不赘述了。

超时空军迷

现在,请您谈谈"因情而措形"好吗?

孙武

"因情而措形"就是必须根据不同的敌情部署和安排不同的兵力和阵形。我认为:知吾卒之可以击,而不知敌之不可击,胜之半也;知敌之可击,而不知吾卒之不可以击,胜之半也。(《孙子兵法·地形第十》)所以,敌人如何变化,应该因敌而变,无论是防备,还是进攻,都要根据敌情快速作出调整,这是"因情而措形"基本原则。

超时空军迷

最后,请说说"因制而立法"吧。

孙武

"因制而立法"就是必须根据不同的编制体制而建立相应的法规制度。具体来说,旌旗纷纷,人马纭纭,要在这种混乱的状态中作战,必须维持自己的阵形,使自己的军队处乱不乱;浑浑沌沌,迷迷蒙蒙,要在这种车马交错战阵中争胜,必须阵势严整,变换灵活,应付自如,使敌人无隙可击。……整治与混乱,是由军队的体制编制的好坏决定的。

纷纷纭纭,斗乱而不可乱也;浑浑沌沌,形圆而不可败也。……治乱,数也。(《孙子兵法·兵势第五》)

超时空军迷

所以，必须根据不同的编制体制而建立相应的法规制度，平时保持整治，战时维持阵形严整，并根据敌人的布阵，变换灵活，应付自如，战胜敌人。

（拜访孙武结束后，超时空军迷走在大街上，在肥狐小龙虾餐馆点了一份剥壳十三香小龙虾盖浇饭，来不及坐下享用，打包拎在手上，直接来到克劳塞维茨跟前。"哇，好香啊！"克劳塞维茨闻香走来。

超时空军迷不好意思地说："嘿嘿嘿，不礼貌，请包涵。"

"可不可以分我一点，它的味道太诱人啦。"

于是，他俩边吃边聊了起来……）

超时空军迷

将军，孙武认为，根据实际，"因敌制胜"原则的运用有"因敌而用变也，因人而异施也，因地而作势也，因情而措形也，因制而立法也"等方式。您觉得在战场上应该如何根据实际灵活用兵呢？

孙武

善也！

克劳塞维茨

根据实际灵活用兵，首先应该是知道战争的实际情况，敌我的实际情况等，只有对这些实际情况了解了，才能灵活巧妙用兵。例如进攻者确切知道将在何时何地遭到袭击，他当然能够巧妙而灵活地采取一切对策。但是，如果在他不了解情况而又必须前进的情况下发生了会战，他就不得不仓促地集中兵力应战，也就是说在肯定是不利的条件下应战。（［德］克劳塞维茨《战争论》第二卷，第716页）

超时空军迷

指挥官不了解情况，部队仓卒开战、仓卒应战，只能陷入被动，也就不知道如何灵活用兵了。

克劳塞维茨

是的。在了解情况的基础上，就可以做到用兵的灵活性。比如：在整个正面，也就是在阵地的整个宽度上的军队，就完全由相同的部队组成，因此可以把它任意分成几个部分，而且每个部分同其他部分以及同整体都很相似。于是军队不再是一个不可分割的整体，而是一个由若干部分组成的整体了，因此伸屈自如，变得灵活了。各部分可毫无困难地从整体中分割出去并再回到整体中来，而战斗队形始终不变。这样，就产生了由各兵种组成的部分，也就是说，人们在很早以前就感觉到的这种需要变成了现实。（［德］克劳塞维茨《战争论》第二卷，第396页）

超时空军迷

根据不同的情况，或采取整体行动，或采取分散行动，或将整体转为分散，或将分散转为整体，从而

克劳塞维茨

非常正确，无论分散还是整体，都能发挥出集中的战斗力。这种集中给军队提供的灵活性和活动余地

使兵力运用灵活多样，巧妙多变，威力巨大。

是很大的，它足以抵得上其他地点的有利条件带来的利益。（［德］克劳塞维茨《战争论》第二卷，第447页）

超时空军迷
根据实际灵活用兵做得好，就能把各要素中战斗力整合集中起来，达到的战斗力应该超过各要素相加的效果，并带来行动上的自由。

克劳塞维茨
还可以根据军队的规模来考虑用兵布阵。当军队的主力很庞大时，可以把行动不便的主力控制在距敌人较远的后面，让一支运动灵活的先遣部队在敌人附近活动。（［德］克劳塞维茨《战争论》第二卷，第416页）

超时空军迷
我的理解是，发挥巨大想象力，巧妙运用战术，归根到底不能脱离敌情和我情。

克劳塞维茨
确实如此。

第四回合:"奇正"论与"优势"说

唐太宗与李靖漫步在山西霍县的古战场上,

唐太宗说:"霍邑之战,右军少却,其天乎?老生被擒,其人乎?"

李靖回答:"若非正兵变为奇,奇兵变为正,则安胜哉?故善用兵者,奇正在人而已。变而神之,所以推乎天也。"

超时空军迷正去找孙武,路过这里,听到了这番对话。

超时空军迷	孙武
将军,他俩在议论什么呢?	噢,他们君臣两人在议论"奇正"。这番对话被收入《唐李问对·卷上》之中,给后人以启发。

超时空军迷	孙武
何为奇正?	所谓奇正,就是使敌军处于暴露状态而我军处于隐蔽状态。

形人而我无形。(《孙子兵法·虚实第六》)

战争中军事实力的运用不过"奇"、"正"两种,而"奇"、"正"的组合变化,永远无穷无尽。奇正相生、相互转化,就好比圆环旋绕,无始无终,谁能穷尽呢。

战势不过奇正,奇正之变,不可胜穷也。奇正相生,如循环之无端,孰能穷之哉。(《孙子兵法·兵势第五》)

超时空军迷

虽然将军言简意赅，但却阐明了奇正之"分"与"变"、"形"与"无形"差别与统一的深刻思想。

孙武

关于奇正，后人有过很好的解释："从主观认识的角度讲，它是可以被区分的，它们之间存在着一定的差别；而从客观活动的角度来讲，它们之间又是不可以被区分的，是变化与统一的；从概念认识的角度讲，奇正是可以被划分和区别的，因为它有利于人们的认识和把握；而从思想理论上讲，奇正互相转化，循环往复，变化无穷，又是不可以被固定划分和区别的，否则就违背了奇正相生及其'不可胜穷'的本质；从训练教战的角度来讲，奇正又是可以被区分的，而从实践作战的角度来讲，奇正又是不可以被区别和划分的。"

超时空军迷

是的，有学者认为，"在对奇正深入理解中，存在着这样一个认识和实践、概念与理论、教阅和临战间的深刻矛盾关系。这一矛盾关系就是我们正确把握奇正概念及其思想的关键。"

孙武

我认为，概念和思想固然重要，更重要的是善用"奇正"，就是正确、巧妙地处理奇兵与正兵的辩证关系，出奇制胜地打击敌人。

超时空军迷

将军认为，研究奇正，要把着重点放在对其运用上。

孙武

然！

（天空中，一群信鸽飞过，队形时分时合，不断变化，鸽哨声划过白云，消失在远方。超时空军迷心里打了一个激凌，想起了"奇正"，不知西方军事大师如何看待这个战术原则？于是，他便顺着信鸽飞去的方向，来到了克劳塞维茨的营帐……）

超时空军迷

孙武认为，巧妙地处理奇兵与正兵的辩证关系，以奇制胜。将军对这个战术思想怎么看？

克劳塞维茨

我认为，数量上的优势在战略战术上都是最普遍的制胜因素。要在战争中取得胜利，就必须最大限度地使用力量。（[德]克劳塞维茨《战争论》第一卷，第8页）

超时空军迷

按照奇正的观点，军事实力的运用，存在着"奇"与"正"两种。集中优势兵力，尤其是数量上的优势，充其量也只是使用"正兵"的某一个方面而已。

克劳塞维茨

我的观点，数量优势才是最应当值得重视的。虽然我也考察战争的其他要素，比如战争有精神、物质、数学、地理、统计五大要素。但我从来都不忽视数量上的优势。而且，我认为：数量上的优势不论在战术上还是在战略上都是最普遍的致胜因素，因此首先应该就其普遍性加以考察。（[德]克劳塞维茨《战争论》第一卷，第192页）

超时空军迷

对敌作战,数量上的优势作为普遍因素表现在哪里呢?

克劳塞维茨

在我看来,之所以认为数量优势具有普遍性,那是因为:数量上的优势应该看做是基本原则,不论在什么地方都是应该首先和尽量争取的。([德]克劳塞维茨《战争论》第一卷,第198页)

超时空军迷

也就是说,它是优先性与广泛性的战术原则。

克劳塞维茨

是的。我们必须明白:不管投入战斗的军队是否够用,我们在这方面要做到现有手段所允许做的一切。这是战略上的首要的原则。正如前面说的那样,这个原则具有普遍的意义,它既适用于法国人和德国人,也适用于希腊人和波斯人,英国人和马拉地人。([德]克劳塞维茨《战争论》第一卷,第194页)

超时空军迷

除此以外,数量优势的普遍性还体现在哪里呢?

克劳塞维茨

我始终强调着数量优势的决定性作用。在我看来:除了作战双方的数量以外,就没有其他东西可以区别了。这样,作战双方的数量就决定着胜负。这种决定性虽然是有条件有前提的,但是它无疑是很重要的。人们必须承认,数量上的优势是决定一次战斗结果的最重要的因素,只不过这种优势必须足以抵销其他同时起作用的条件。从这里得出一个直接的结论：必须在决定性的地点把尽可能多的军队投入战斗。（［德］克劳塞维茨《战争论》第一卷，第193页、第194页）

超时空军迷

也就是说，战争是用"肌肉"和"拳头"说话的。

克劳塞维茨

是的。

星际间一个绿色的光环渐渐飘至。超时空军迷明白，他要结束这次地球军事理论的探访了。因为远在银河系对岸，正有一场星际大战硝烟四起。

超时空军迷

再见，美丽的地球。再见，两位伟大的将军……再见！

图书在版编目(CIP)数据

超时空约谈：孙子与克劳塞维茨/王斌编著.—
上海：上海古籍出版社，2015.8
（咖啡与茶）
ISBN 978-7-5325-7743-9

Ⅰ.①超… Ⅱ.①王… Ⅲ.①孙武（前533～?）—军
事思想—研究②克劳塞维茨，K.V.（1780～1831）—军事
思想—研究 Ⅳ.①E892.25②E895.16

中国版本图书馆 CIP 数据核字（2015）第 172195 号

咖啡与茶
超时空约谈：孙子与克劳塞维茨

王斌　编著

上海世纪出版股份有限公司
　　　　　　　　　　　　　　出版发行
上海古籍出版社
（上海瑞金二路 272 号　邮政编码 200020）
（1）网址：www.guji.com.cn
（2）E-mail：guji1@guji.com.cn
（3）易文网网址：www.ewen.co

发行经销　上海世纪出版股份有限公司发行中心
制版印刷　上海丽佳制版印刷有限公司
开本　889×1194　1/36
印张　4　插页1　字数 100,000
印数　1-4,300
版次　2015 年 8 月第 1 版
　　　2015 年 8 月第 1 次印刷
ISBN　978-7-5325-7743-9/G·624
定价　29.00 元